Kurt Hofmann

H.C. Artmann

ich bin abenteurer
und nicht dichter

Kurt Hofmann

H.C.Artmann

ich bin abenteurer
und nicht dichter

Aus Gesprächen mit Kurt Hofmann

Mit 33 Fotos und CD

Amalthea

Bildnachweis

Gisela Brandenstein, S. 133, 136, 162, 189 unten, 207, 208
Sepp Dreissinger, Umschlagfotos, S.38, 161, 163, 189, 190, 201, 202
Franz Hubmann, S. 98 oben und unten, 99 oben, 100, 101, 132, 134 oben
Die Fotos auf den Seiten 61, 62, 63, 132 unten, 164 stammen aus dem Archiv des Autors
Helmut Baar, S.97
Hubert Schatzl, S. 99 unten
Jan Parkman S.117 aus dem Archiv des Autors
Horst Högl, S.118 unten
Leonore Mau, S. 118 oben
Gert Chesi, S.135
Werner Schnelle, S. 163 oben, 191
Otto Breicha, S. 189 oben

In einzelnen Fällen war es dem Verlag nicht möglich die Rechteinhaber ausfindig zu machen. Der Verlag bittet ihm bestehende Ansprüche mitzuteilen.

Besuchen Sie uns im Internet unter http://www.herbig.net

in der F.A.Herbig Verlagsbuchhandlung GmbH
Wien München

Umschlaggestaltung: Wolfgang Heinzel
Umschlagfotos: Sepp Dreissinger
Lektorat: Petra Mayer-Zick
Herstellung: Andrea Cobré
Satz: ew-print, Würzburg
Gesetzt aus 12/18p Gill sans
Druck und Binden: Jos.C.Huber KG, Dießen
Printed in Germany
ISBN 3-85002-465-2

Mit Fotos von:

Gabriela Brandenstein
Sepp Dreissinger
Franz Hubmann

Dieses Buch entstand
unter Mithilfe von:

Rosa Artmann
Manfred Baumann
Harald Gstrein
Almut Nass
Pia Pinyokul-Hofmann
Christian Schiller
Sylvana Schiller
Christa Eva Schirl
Monika Strasser
und
Dr. Nikolaus Vogler

Inhalt

Prolog

Als ich 1980 anfing, von einem Buch mit H.C. Artmann zu träumen, sah es jahrelang so aus, als ob diese Träume immer Träume bleiben müßten. Die, die ihn näher kannten, rieten von so einem Projekt ab. Die, die ihn bisher interviewten erst recht. Als ich behutsam versuchte Artmann dieses Buchprojekt näher zu bringen, war die wiederholte Antwort, »Vergiß das, trink ma lieber was«.

Meine Träume waren mir schon abhanden gekommen, als er irgendwann einwilligte, es doch versuchen zu wollen.

Viele Gespräche endeten mit dem Satz, »... du kannst ohnehin nichts damit anfangen, oder »Gib endlich auf«.

Nach meinen Büchern mit Thomas Bernhard und Friedrich Gulda vermeinte ich eine Schule der Schwierigkeitsbewältigung durchgemacht zu haben und gewappnet zu sein. Ich war es nicht. Alles was über Artmann gesagt wurde, bekam ich bestätigt, x-mal.

Das Ergebnis war ein Rohmanuskript mit einem Umfang von über tausend Seiten. Das ausgewählte Material, das nur Originalaussagen enthält, ergänzte ich mit Werkausschnitten, seltenen Fotos und einer CD.

Als H.C. das fertige Manuskript las, erschrak er über seine Offenheit: »Was haben wir gemacht!«

Kurt Hofmann
Jänner 2001

tök ph’ rong süleng

vorbemerkung für meine leser (meine leserinnen): ein jäger von werwölfen muß sich ordentlich ins zeug legen – legt er sich einmal nicht in es, gibts ein heilloses debakel, denn ein schreckliches phänomen ist sein sparring-partner. mitleidlos, da im augenblicke seiner taten ohne seele, phantastisch schlau, da ein mischding aus verständigem mensch und instinktgelenktem tier, unverwundbar nahezu, da unterm schutze des mondes[1] und dessen dunkeler idole, so geht er, der were wolf, grünaugs, gesträubten fells und unheiliges im sinne, ins gäu.
mensch und jäger, hüte dich, gib acht, sieh dich für!

Grammatik der Rosen
Gesammelte Prosa, Salzburg und Wien, 1979

[1] luna, ae, der mond; dh. (poet.), meton., die nacht.

was dem einem sein blatt fürs poem ist dem andern sein wisch für den po

Ich habe noch nie über mich Auskunft gegeben. In meinen Büchern nicht, außer ansatzweise in »Nachrichten aus Nord und Süd« – »ich bin schlecht ich bin einer dem es nicht zusteht ein netter junge von nebenan geheißen zu werden bitte bitte sagt mir doch wer ich bin damit ich mich wenigstens in zukunft danach richten kann« – darüber hinaus schon gar nicht. Ich bin kein Selbstdarsteller, und ich bin kein Erzähler. Auskunft geben über mich bereitet mir Übelkeit und Schmerzen.

Bei einfachen Dingen zu meiner Person habe ich schon Schwierigkeiten. Diese Selbst-Zur-Schau-Stellung, wie auf einer Schlachtbank. Da liegen die Kadaver, seht her. Und wer da alles mit dem Messer auf dich zugeht, mit einem stumpfen, damit es ja weh tut. Und dann wird in den Wunden herumgerührt und das Blut spritzt und die Leute begeilen sich daran. Da kann man sich ja nur übergeben.

Sich vor Reportern und dem Fernsehen und all dem zu schützen, das ist doch nur Notwehr. Das passiert mir doch ununterbrochen, ich sag' was und, oh Gott, ich schlag'

über's Ziel hinaus. Es gibt natürlich Leute, die sagen, egal was der große H.C. macht, das ist was – aber das sind die Senilen. Ich bin natürlich sehr militant. Ein militanter Lyriker, kann ich noch deutlicher werden?
Wenn über mich geschrieben wird, daß ich alles wegschmeiße, wenn mir der Papierhaufen auf meinem Schreibtisch zu groß wird – geschrieben ist geschrieben – und ich soll da alles beim Fenster hinauswerfen. »Die Hälfte von dem«, steht dann in der ZEIT, »was zum Besten in der modernen Lyrik gehört, hat er weggeschmissen oder verschlampt«, das ist nicht wahr. Ich schmeiß' nie was weg. Wie weit mich das dann noch interessiert, daß ist etwas anderes. Natürlich ist mir wichtiger, daß ich was schreibe oder geschrieben habe, als das, was damit passiert.
Andere sagen im Fernsehen über mich, ich hätte einen Fernseher aus dem Fenster rausgeschmissen, und meine Leitfiguren sind Verrückte und Selbstmörder. Ich habe Angst vor Verrückten, und die Angst vor'm Wahnsinnigwerden, die geht vorüber. Manchmal, manchmal vor dem Einschlafen, da höre ich so eigenartige Stimmen, und dann denke ich mir, so, jetzt ist es soweit, du wirst wahnsinnig.

in meinem garten verbluten
die drosseln des wahnsinns
aus geometrischen fontänen
die drosseln des wahnsinns
in meinem garten verbluten
aus geometrischen fontänen
aus geometrischen fontänen
verbluten in meinem garten
die drosseln des wahnsinns
in meinem garten verbluten
die fontänen des wahnsinns
aus geometrischen drosseln
die geometrischen drosseln
in meinem garten verbluten
aus fontänen des wahnsinns
aus geometrischem wahnsinn
verbluten in meinem garten
deine drosseln zu fontänen

hans carl artmann,
verbarium gedichte, Olten, 1966

Ich bin im Grunde genommen saunormal, für Irrenkunst habe ich nichts übrig. Ich habe keine Sehnsucht nach delirierendem Wahnsinn oder Verrücktheit, im Gegenteil. Ich bin ein geschichtsloser Mensch, in mir bleiben nur Atmosphären. Ich bin ein Gefühlsmensch, habe aber nie geschrieben, was in mir vorgeht. Das Unbewußte schreibt aus mir.

l'eliphat 'l qümqüm i'ul

assegor thibeta et dü
azimount..
vendigot ül iblout et
'l ab ab..
m'elmoth ül iblout et
azimout
assegor thibeta et dü

assegor thibeta et dü
m'izrouph..
vendigot ül iblout et
l'amghar..
m'elmoth ül iblout et
m'izrouph
assegor thibeta et dü

assegor thibeta et dü
fl'aflal..
vendigot ül iblout et
m'ta'aroth..
m'elmoth ül iblout et
fl'aflal
assegor thibeta et dü

ein lilienweißer brief aus lincolnshire,
Frankfurt a.M., 1969

Ich verhunze die Sprache nicht, ich baue sie eher auf, aber von genial kann bei mir nicht die Rede sein. Ich habe, wen wundert's bei meinem Alter, einen gewissen Teil geleistet, ich bin schon seit sehr langer Zeit unterwegs mit Dichtung und Literatur, von Genialität will ich aber nichts mehr hören, von niemandem. Wenn ich ein Genie wäre, würde es mir besser gehen, aber ich habe ja nie etwas anderes gemacht, als mich mit Literatur und Sprachwissenschaft befaßt, etwas wirr, was ich da spreche.
Für mich ist gute Literatur Magie. Eine Welt ohne Feen, Kobolde, Druden wäre für mich keine. Ich bin ein ganz normaler armer fahrender Dichter.
Von mir sagen sie auch immer, der ist doch so unernst, das kann man doch so nicht, tiefernst soll man sein, ein Priester der Germanistik, pfui Teufel, sagt der Zauberer aus dem Wald.

»warte, warte noch een weilchen,
bald kommt Artmann auch zu dir,
mit dem kleenen hackebeilchen,
und macht schabefleisch aus dir.«

Grammatik der Rosen, Salzburg und Wien, 1979

Ich komme ja vom Surrealismus her, ursprünglich. Surrealismus ist für mich etwas ziemlich Verrücktes. Und Romantiker bin ich auch. Also, ein surrealer Romantiker oder ein abstrakter Romantiker, oberflächlich betrachtet, denn meine Herkunft ist überall: bei den Surrealisten und Dadaisten, bei Villon und dem Wiener Vorstadtdialekt, Lorca, Gómez de la Serna, in der Artuseptik, in barocker Schäferpoesie, in Irland, im England des Sherlock Holmes, in den finsteren Wäldern von Transsylvanien, den lieblichen Gefilden von Sussex, in orientalischer Liebeslyrik, in den Detektivheftchen der 20er Jahre, den Comic strips von damals bis heute usw. Wenn ich schreibe, dann kommt das aus mir raus, wie ein Dämon.

Und dann, wenn's am Platz steht, feil ich das durch, das schon und mit Raffinesse. Ich bin sehr sprunghaft und deshalb kann ich auch keine längeren Texte schreiben. Mein längster Text hat nicht einmal 200 Seiten und groß gedruckt. Ich würde das gerne machen, wie andere, so jeden Vormittag zehn Zeilen, aber ich bleibe nie auf derselben Idee sitzen, ich bin zu hudelig. Ich kann mir auch nicht vorstellen, daß sich ein abstrakter Maler vorstellt, so muß das ausschauen. Der baut's einfach auf, insofern bin ich ein abstrakter Dichter.

tom du tümmel

tom
tom tom tümmel
tom du tom und tom
o tom du
lederne cappen
tom du
tom tom
du tom tom
am himmel tom
dreh tom dreh dreh
deine cappen tom
tom du tümmel
dreh du
canonen tümmel
tom du
tom

Die Wiener Gruppe, Reinbek bei Hamburg, 1985

Wenn sich dieser innere Dämon nicht rührt, kann ich gar nichts machen, nichts. Ich kann dann nicht schreiben. Dann wiederhole ich halt ein paar Grammatiken oder les' in Handbüchern oder Sachbüchern, höre Schallplatten, geh' mit Freunden fort, was heutzutage weniger geschieht, mach' wieder eine Lesung, jedenfalls bin ich mit mir unzufrieden, und solange man unzufrieden ist, ist man noch am Leben. Es gibt sehr viele Leute, die sagen, ja wo kann man Sie denn anrufen und immer diese wiederkehrenden Scheißhausparolen, daß ich eine Managerin hätte, was soll ich mit einer Managerin, die Leute rufen mich an, H.C. willst bei uns lesen, hast Zeit, sag' ich, ja o.k. oder na. Ich kann doch von niemandem abhängig sein. Das ist doch kein Geschäft wie jedes andere. Ich hab' da eine mystische Haltung. Wenn ich begnadet bin, ohne Glorienschein so etwas zu machen, dann kann ich mich doch nicht vermarkten, da bin ich zu gläubig dazu. Was machen denn dann meine Feen da unten, die da im Gebüsch sitzen, die würden mir schön was hinten rein hauen. Ich glaube daran, sonst würde ich es ja nicht so machen, sonst würde mich ja schon längst der Teufel geholt haben. Ich glaube absolut an diese Vorbestimmung, ich habe so viel erlebt und bin bei so ungeheuren Sachen durchgerutscht und durchgekommen, ich muß in einer Glückshaut geboren worden sein.

Ich habe immer Glück, daß ich nicht das Unglück hinterher hab', sonst könnt ich ja nicht weitermachen. Wenn es also so etwas gibt wie Glück, stell' dir vor, du mußt dann sterben, das ist Angst. Man spielt mit der Angst natürlich auch als literarischer Trick. Ich bin ein extremer Mensch. Entweder sehr melancholisch oder euphorisch, bis zum Exzeß. Vielleicht bin ich deshalb jetzt in Mode. Ich bin en vogue.

Das bedeutet auch nichts Gutes.
Bekannt zu sein war uns, ich spreche in der uns-Form, immer völlig gleich, und wenn ich nicht Lyriker geworden wäre, wäre ich als Abenteurer nach Afrika oder Indonesien oder irgendwo hingekommen. So bin ich halt auf meine Art Abenteurer geworden und nicht, wie man glaubt, Dichter. Ich kenne sehr viele Leute, die sind Dichter, aber die schreiben nichts. Die ganze Erscheinung und die ganze Aura, die sie umgibt, das ist einfach was ungeheuer Poetisches. Poesie ist doch wesentlich mehr als nur dichten. Dieser weltfremde Dichter in seinem Kämmerchen, der auf seine Schreibmaschine einhämmert, der bin ich doch nie gewesen.
Ich schreibe ja nur, wenn es überhaupt nicht anders geht, wenn es auch mit Valium nicht mehr geht, wenn ich nicht mehr schlafen kann vor lauter Verzweiflung, dann kann ich schreiben auch gleich. Im Grunde meines Herzens bin ich ein faules Schwein.

alles schöne der welt verwandelt sich in
büsche
und zweige / es säumt meinen weg ein
rahmen
unwirklich schimmernder stimmen

Gedichte über die Liebe und über die Lasterhaftigkeit,
Frankfurt a.M., 1975

Die Kunst zu leben, französisch »savoir vivre«. Der Satz verfolgt mich seit Jahrzehnten: »Eine Flasche Wein, ein gepflegter Beischlaf, und für H.C. Artmann ist die Welt wieder in Ordnung.« Ja, ja, das stimmt schon, meine Heimat ist das Bett, ich bin aber kein Gesundheitslieger. Ich habe so Halbträume und ungeheuer poetische Vorstellungen, die man dann nicht ausführen kann, weil's einfach wie eine Qualle in den Händen zerfließt, wenn man munter wird. Es hat was Oblomovsches. Man geht nicht mehr aus seinem Bett raus. Dann springt man doch auf, weil man schiffen muß.

Und am Klo muß man dann in der Zeitung lesen, daß ich mich über alles ernstgemeinte Ernste und schöngedachte Schöne hinwegsetze, respektlos. Mir geht es darum, abgebrauchte Ausdrücke lustvoll wieder aufzufrischen. Neue zu erfinden sowieso. Dieses syntaktische Erlebnis, das philosophische Abenteuer. Du hast recht, ich bin ein literarischer Sadist. Ich schände auf das ordinärste, und dann putze ich wieder auf das herrlichste auf. Und das ist das, das der Durchschnittsleser nicht versteht. Der liest das und, »ah, a lustige G'schicht«.

Rixdorfer Bilderbogen No. 1

morgen kommt der schornsteinfeger und wird dir den arsch putzen da nützt dir kein etcetera und kein mordioho der führt dich aufs klo und bemächtigt sich deines höschens und genießt deines röschens denn was son richtiger schornsteinfeger ist ist ein hans und kanns!

auch wenn du meinen mächtigen schnurrbart nicht schätzen tust beug ich dich meiner momentanen lust ja glaubst du vielleicht ich werde mir wegen deiner meine guten dreißigmarkschlipse ums kinn binden und als könig abimelech vor deinem babybett erscheinen wenn ich dir jetzt meine unflätige aufwartung unterbreite?

wenn carrasco der schänder aus dem tiefen finstren walde tritt dann scheißen sie allesamt in die hosen und die damen spüren zarte zucker im after und die herren glauben sie müssen speiben vor zorn denn dem carrasco ist keiner gewachsen oder besser gesagt ein solcher gewachsen daß es seinesgleichen nimmer wird haben zwischen tampico und santa fé!

damiane laß dieses faxen mir ist nur einer
zwischen den haaren gewachsen und meine
zehn finger sind auch kein dreck nicht also
was willst du also willst du oder willst du
nicht du sonderbares geschöpf eines vaters
und einer mutter?

The Best of H.C.Artmann,
Frankfurt a.M., 1975

Schreiben ist natürlich für mich ein erotischer Vorgang. Also Erotik und Sexualität läßt sich bei mir nicht trennen. Ich habe vielleicht mit 85 noch ein erotisches Erlebnis, wenn ich etwas schreibe, was ich ja sonst vermutlich nicht mehr haben würde. Die Sexualität ist natürlich der Erotik vorzuziehen, solange es geht. Sexualität oder Erotik oder irgendwas. Was ist Erotik und was ist Sexualität, mir geht es um's Budern. Sexualität in künstlerischer Vollendung, das ist was. Das hat aber mit dem Schreiben nichts zu tun. Ich schreibe für Laubbäume. Unbewußt rutscht die Sexualität natürlich in's Schreiben rein, aber bewußt mache ich das nicht, das wäre ja auch sehr billig. Auch wenn ich viel reise, Reisen sind nicht unbedingt notwendig, damit ich schreiben kann, Gerüche vielleicht, das Klima oder eine Frau.

mit einer maschine der iraqui air war ich nach london gekommen und mit einem buch von sapper *(a new gripping story of a bulldog drummond series)* flog ich zurück nach graz das sind abenteuer die sich erst im laufe eines halben lebens deutlich abzeichnen und zu einem ganzen runden wie soll ich das einem weiblichen wesen beibringen wie meinen rezensenten wie den tüchtigen burschen von der germanistik die mich samt und sonders für einen launigen equilibristen halten für einen sprachfex und tausendsassa der sich halt einen jux machen will und ein jeder x-beliebige todel plappert das zum tausendsten male nach da stand ich auf einmal wie aus der kamera geschossen mitten in der guten stube meiner angebeteten und sang aus vollem magen die arie des riegelotto die bewußte grandiose und herr verdi nicht die spur von ungehaltensein nickte mir als büste vom klaviere zu gewiß er hatte sicher schon trefflichere sänger vernommen ein reifes leben bringt manches fürs gehör allein der maestro war wenn auch nicht begeistert so doch gerührt ...

Nachrichten aus Nord und Süd,
Salzburg und Wien, 1978

Ich bin Abenteurer und nicht Dichter. In meinem Paß müßte stehen Abenteurer. Schriftsteller steht drinnen. »Es gibt keine Dichter, Sie sind Schriftsteller«, sagt der Polizist. Der Jonke hat in seinem Paß stehen gehabt »Freier Schriftsteller«, mit Gänsefüßchen. Der Turrini Heimatdichter. Die sind so blöd. Wenn man sagt, man ist Schriftsteller, so ist das in Österreich Hochstapelei. »Können'S das beweisen?« Ein Amerikaner fragt dich, wieviel verdienst denn, so und so wenig, warum machst denn nichts anderes? Und der Engländer, wenn du sagst, du bist Schriftsteller, ah, interessant, kannst du mir einmal was zeigen. Aber bei uns ist das immer verdächtig. Das ist im deutschen Sprachraum überall so. Dichter – ha, ha, i dicht a, die Wasserleitung. Das ist ja keine Berufsbezeichnung, das ist ein Zustand. Wenn man sich dann dagegen wehrt, dann hat man gleich den Ruf des Wilden, des Polizistenschlägers, des wilden Herumschreiers. Man kann ja nicht vor tausend Leuten lyrische Gedichte lesen, da muß ich die härtern Sachen bringen, die schärferen, und die muß ich brüllen, weil ich ja auch meistens kein Mikrophon hab'. Natürlich kriegt man so ein Image dadurch. Und in Wirklichkeit interessiert mich die lateinische Literatur, die keltischen Dichtungen, die mittelalterliche Literatur und die großen Detektive und Abenteurer, das bin ich wirklich. Aber wen interessiert das.

Was ich von den großen detektiven und abenteurern halte, möchte ich hier kurz zu papier bringen:
Poirot ist dumm, Maigret ein netter spießer, Lemuel Caution hat einen uneingestandenen hodenbruch, The Saint ist ein kompletter trottel, Holmes ein elender geiger, sonst jedoch geistreich, Lord Peter Whimsey ist albern, Nat Pinkerton verstand sein metier, Cardby log bisweilen das blaue vom himmel herunter, The Phantom leidet an furunkeln, Percy Stuart führte stehend aus, was er sich liegend vornahm [er gehört zu den wirklich großen], Eddie ist ein mann von talent, Frisco Kid ist schneidig, Rip Corby's brillen sind aus fensterglas [eine list!], Lord Lister wäre als detektiv ebenso gut gewesen, wie er als gentlemandieb war, Frank Allan war ein ausgezeichneter spürhund, über James Bond möchte ich jedoch nur sagen, daß er falsche beweise liefert.
Die besten abenteuer Tom Sharks, des königs der detektive, waren: »Die Opiumschmuggler von Montmartre und Me Wang der Chinese.«
Ab nummer 100 werden alle abenteuer schlecht.

The Best of H.C. Artmann, Frankfurt a.M., 1975

Selbst kann ich nicht lesen. Außer vorlesen. Ich lese lieber was von alten Philosophen, Zauberei, Druidentum, Mythologien, prähistorische Texte, mittelhochdeutsche Lyrik, Ritterromane und Comics, diese echten, alten. Donald Duck ist die beste Literatur. Mickey Mouse mag ich nicht, aber Asterix.

Vorlesungen, Lesungen mach' ich noch immer, da komme ich mit den Leuten zusammen, die mich lesen, und das freut mich. Irgendwie eigenartig, das ist so eine Mischung zwischen Eitelkeit und Fröhlichkeit, wenn man andere Menschen kennenlernt. Ich habe ja früher überhaupt keine Freunde gehabt oder keine Beziehung zu anderen, und das sind ja auch Anregungen. Man sagt immer, kein Schwein liest Gedichte. Sicher, Poetenlesungen sind oft ein Minderheitenprogramm. Bei mir ist es so, egal wo ich lese, volles Haus. Ich war im Waldviertel in Niederösterreich, in so einem unbeschreiblichen Nest mit ein paar hundert Einwohnern. Da waren mehr Leute bei meiner Lesung, als die dort Einwohner haben. Da liest einer Gedichte, und alles rennt hin. Ich versteh' das auch nicht. Das war bei mir immer so. Ich kann mich höchstens an drei, vier Aktionen erinnern, bei unzähligen Lesungen, wo wenige gekommen sind. Das hat auch einen Reiz. Und dann hab' ich gesagt, kommt's her zu mir, setzen wir uns zusammen um einen Tisch, ich les' euch was vor, und dann trink' ma was. Die

meisten Lesungen mach' ich in Deutschland. Auch in der Schweiz. In allen deutschsprachigen Regionen. Auch in der DDR. Mich freut das, daß ich durch die Öffnung die ganze DDR für mich hab'. Ein sehr interessiertes Publikum und ganz wunderbare junge Dichter. Wenn ich heute dort hinkomm', dann ist das so, wie wenn ich zurückversetzt werden würde in's 48er-, 49er-Jahr bei uns. Man wird in der Früh munter und glaubt, man ist 27 Jahr' alt. Wie im Nachkriegswien, Leipzig und Dresden. Und, die sind aufnahmefähiger. Und die mögen mich.
Vielleicht habe ich deshalb keine Feinde, weil ich keinen Charakter hab'. Ich hab' ja ein ganzes Leben lang nie nach irgend etwas getrachtet, wie beim Fernsehen oder bei den Verlagen, wo man so eine komische Erfolgsleiter hochklettert und allen alles neidig ist. Wir waren doch immer so, ein jeder hat das geschrieben, was er will, und hat den anderen geschätzt und g'sagt, in seiner Art ist der der Beste, und ich bin in meiner Art der Beste.
Unter den Malern ist das nicht so, da ist schon zuviel Geld dabei, verkaufsmäßig. Wir können doch nichts verkaufen, was sollen wir verkaufen. Ich mach' zum Beispiel heute keine Bücher mehr in Großverlagen. Ich gib' das ab in so kleine Verlage, und die machen dann mit Kunstverstand und Liebe herrliche Bücher. Auf bestem Papier gedruckt, handgesetzt und weiß Gott was alles.

Mein Publikum, das hab' ich ja sowieso. Ich bin doch nicht der Johannes Mario Simmel oder sonst ein Anbiederer. Es werden viel zu viele Bücher gemacht, und keine schönen. Kostbare Bücher, nicht teure, kostbare. Leben kann man von solchen Sachen ohnehin nicht, ich leb', ich leb' vom Essen und Trinken. Von den Nebenerwerben kann ich leben. Von den Büchern selbst, das wär' sehr schwer. Lesungen, Übersetzungen, und dann kriegt man wieder einen Preis und kann seine Schulden bezahlen, man schlägt sich so durch.

Ich könnte natürlich von allem, was ich gemacht habe und was erfolgreich war und ist, könnte ich noch x Sachen nachfolgen lassen. Mir geht es aber verdammt nochmal um das stete Experiment, das ich vollziehe, ansonsten könnte ich gleich zur Polizei gehen und Strafzettel schreiben. Wenn ich etwas geschrieben habe, egal in welcher Form, in welcher Sprache, mit welchen Mitteln immer, und das Experiment ist da, das Buch ist da, dann möchte ich mich nicht wiederholen. Das wäre essen, kotzen und die Kotze wieder aufessen. Ich bin der Kuppler, der Zuhälter der Wörter, die es miteinander treiben, aber es muß immer ein anderer Puff sein. Die Wörter treiben Unzucht miteinander, die über mich hinweggeht, und ich fühle, wie das Szenarium ausgehen muß.

Früher haben sie geschrieben, der Un-Artmann, und uns als Ent-Artmänner beschimpft. Als Bürgerschrecks und haltet eure Töchter fest, der Artmann kommt und so weiter, und heute schreiben sie auch einen Blödsinn, aber sehr positiv.

> ich bin ein engel der dämmerung meine
> knochen sind aus mark und mein mark aus
> knochen streng bin ich aber ungerecht mir
> ist zu trauen wie einer gewürzgurke aus
> dem supermarkt ich bin ein göttlicher gott
> und ein gottlicher göthe und ein anzen ban-
> zen tanzengruber der modernen mundartli-
> teratur aus artmann-puchheim und keiner
> glaubt mir daß ich in sankt nachsatz am wal-
> de geboren sei unschuldig in die welt ge-
> schleudert um schuld um schuld auf mein
> dach zu laden daß die schindeln krachen ein
> schwindler aus überschwang ein schwung-
> hafter becherschwenker ein schwankhafter
> schänkeschwätzer ein bücherschwitzer ein
> schwicherbützer ein bi ba butzemann der
> im eigenen hause herumgaustert und sich
> selbst mit seinen eigenen schatten er-
> schreckt.

Nachrichten aus Nord und Süd,
Salzburg und Wien, 1978

Mir geht es um das Wort selbst und um sein Umfeld. Deutsch hat zu viele Oberlängen, kaum Unterlängen. Des-

halb schreibe ich alles klein, das Schriftbild wird dadurch besser, ästhetischer.
Früher habe ich zum Beispiel auch oft etwas mit »c« geschrieben, »creutz«, mit »c« und gleich mit »tz«, um den barocken Geruch reinzukriegen. In den Schulen werden sie ja heute so erzogen, daß die nichts mehr lesen können. Wir haben ja inzwischen beinahe amerikanische Bronx-Zustände in der Sprache. So eine normalisierte Schreibung des Mittelhochdeutschen, das ist doch das schönste überhaupt. Ich geh' auf das Mittelhochdeutsche zurück, mach' aber alles nach Gespür. Da ist man dann versucht »Licht« mit »ie« zu schreiben, wie die Gebrüder Grimm. Bei Walther von der Vogelweide heißt das Licht »liht«, das »c« vom »ch« ist gar nicht mehr nötig.
Als Lyriker kann man gar nicht auf den großen Erfolg hinschreiben, da müßte man sehr naiv sein. Und ein Lyriker mit viel Geld, das wär doch eine Schand', der hat arm zu sein. Ich halte es für ordinär, Geld zu besitzen, es auszugeben, das ist fesch. Ich bin zufrieden, andere exzellente Leute müssen noch als Volksbibliothekare arbeiten und ausgezeichnete Gedichte dabei schreiben. Es gibt in Österreich viele. Oder sie müssen warten, daß der Staat sie unterstützt. Auch wie ich noch weniger Geld hatte, habe ich nie gejammert. Wenn man begeistert von einer Sache ist, dann jammert man nicht. Wenn man's überlebt. Alle aus dieser meiner Zeit, die

sich nicht umgebracht haben, haben es geschafft. Sehr viele haben Selbstmord und so, viele Freunde, aber nicht aus finanziellen Gründen. Ich muß nur schauen, daß ich von einer Eisscholle zur anderen springe, genau wie im Krieg. Ich lebe so, wie ich leben will. Ich habe noch nie Konzessionen gemacht. Eine Zeitlang waren schweinische Bücher ganz modern, zarte Lyrik war da nicht gefragt. Da mußte man ganz scharfe Sachen schreiben, aber danach richte ich mich nicht.

xliij
ein weißes blatt papier drauf eine
    vogel spur
die amsel stieg umher mit hyazinthen
    spur
was nützt schon mein gedicht? wie fänd ich
    auch ein wort
ein bild gleich dieser zarten amsel
    blumen spur?

Gedichte über die Liebe und über die Lasterhaftigkeit,
Frankfurt a.M., 1975

Ich bin überzeugt, daß viele Verlage das zwar gerne drucken würden, aber ich habe einfach ein anderes Publikum als diese anbiedernden Massenschreiberlinge. Das Publikum ist vielleicht sehr groß, aber das sind die Jungen, und die haben wenig Geld. Also Ärzte lesen mich weniger, die gehen lieber Squash spielen.

Das ist doch überall so. In der Schweiz ist es ja ganz schlimm, in Deutschland muß man sich anpassen, und in Frankreich gibt es keine Lyrik mehr. Man sagt immer, die Lesekultur in Frankreich sei so großartig. Schwachsinn. Die Lesekultur wird von Hausfrauen bestimmt. Dort wird das gepusht, was am meisten gefragt ist von lesenden Hausfrauen. Das ist schon sehr amerikanisch. Es wird auf den Markt geworfen, und es hat gelesen zu werden.

Wenn ich bei einer Buchhandlung vorbeikomme in Los Angeles, Los Angeles ist ein schlechtes Beispiel, da gibt es keine Buchhandlungen, aber sagen wir in New York, da gibt es dreißig so Markets, und da haben sie diesen Schund, was anderes kriegt man nicht.

Wenn ich so irgendwo bin, ich komme mir vor wie der letzte, wie ein ganz armer Hund. Ich komme mir vor wie ein Zehnjähriger, wenn ich nicht irgendwie am Tisch hauen kann, und nur nicht einsam sein, da geh' ich fürchterlich ein. Ich hab' überhaupt kein Selbstbewußtsein, wenn ich nicht daran erinnert werde, wenn ich nicht aufgereizt werde, eines zu haben. Und schüchtern bin ich vor allem. Es ist schlimm. Bescheidenheit und Schüchternheit, wie soll man das übereinanderkriegen. Beim Schreiben ist das nicht hinderlich, aber beim Vertreiben des Geschriebenen. Ich habe meine Sachen ja nie distribuiert. Da ich nie was dazu getan habe, hat es länger gebraucht. Es ist auch so nicht zu früh und nicht zu spät alles rausgekommen.

»Text zu Heinz Edelmann«

Aus dem geäst des lokomotivenbaumes schwingt sich der entwerfer von abziehbildern in das papierblau des morgens – ein aufflattern von vögeln entsteht und umschwirrt ihn, seine hose ist nebelig wie die frühe stunde, sein hemd wie die patina der reißzwecke des dr. Watson, sein schlips wie eine menge seiten aus einem buch über mongolfieren. Um heavens willen, ruft der aufseher der galerie, wer geht hier mit den linealen und farbtuben zu bett, wer verbringt seine tage zur gänze auf dem rücken der wale, wer hat mir die straußen- und papageieneier gemaust?
Man frage am besten einfach den autor, er weiß es, sein werk ist simpel und schwierig zugleich. Er errechnet die stunde, legt das erarbeitete ding auf die schwelle des reiches der toten und erwartet seine erektion.

The Best of H.C. Artmann, Frankfurt a.M., 1975

Wenn ich nicht schreiben kann, würde ich gerne Vorträge halten. Aber ich kann es nicht. Auch so Talk-Shows im Fernsehen. Ich denk' mir einen Satz aus, und dann bring' ich ihn an, an der falschen Stelle.
Ich würd' gern' mich äußern, aber ich kann es wirklich nicht, und deshalb mach' ich es auch nicht mehr. Und dann heißt es, der ist schwierig und läßt niemanden an sich ran. Ich wiederhol' mich, sag' immer irgendwie, irgendwie, irgendwie. Ich kann nicht mit fremden Menschen reden, die was von dir wollen und die das, was du machst, oft nicht sehr interessiert. Und dann liest man wieder: mit dem Artmann, da geht gar nichts mehr.
Es klingt bei mir vielleicht etwas übertrieben, aber wenn ich mich entscheiden müßte, so würde ich doch sagen, ich geb' alle Bücher auf und hab' die Musik. Ich würde eher auf's Lesen verzichten. Die Musik gibt mir mehr. Ich würde lieber Musiker sein, also Komponist. Ich hätte tausend Melodien im Kopf, aber ich kann weder ein Instrument, außer »Goodbye Jonny« auf der Mundharmonika, noch kann ich Noten. Sehr gern mag ich die französische Musik so zwischen 1900 und 1930 oder alte Musik, oder Pop der frühen Sechziger. Meine Tochter sammelte Kings und Yardbirds und Jazz aus den zwanziger Jahren.
Noten schreiben und meine eigenen Texte vertonen, das ist ein schöner Gedanke, und selbst singen.

die fahrt zur insel nantucket

aus der ferne klingt über das beruhigte meer das duett des ertrunkenen rutherfurt mit der meerfrau arindaxo:

meerfrau	: lie la larridadah lie la larridadah
rutherfurt	: lie la larridadah &c &c.
I. chor	: djuuv djuuv djuuv djuuv..
coninxtrum	: li la li la lilalialilalalalala &c.
freweguest	: schon dreht die meile leeling bei
coninxtrum	: der nadelkompaß hier voran..
freweguest	: die insel löst sich augenbaar am underbeel die haulen vaar.

hier erreicht das gute schiff bei schönem klarem herbstwetter die reede von nantucket während auf den umliegenden hügeln die rothäute stehn und in ihren fernrohren sehn wie herr freweguest und herr coninxtrum mit dem wehenden banner castiliens das rettende ufer betreten.

vorhang

The Best of H.C. Artmann, Frankfurt a.M., 1975

Ich möchte noch so viel machen, so viel. Jetzt wo ich gerade so schön drinnen bin. Und was ist, ich werde 80. Da bleibt die nackte Panik. Die wird nie mehr weggehen, und wenn die Panik nicht mehr da ist, ist alles aus, dann ist man alt. Ich werde dauernd gefragt, »Die gesammelten Artmann-Werke gibt es schon, ist von Ihnen nichts mehr zu erwarten?« und »Woran arbeiten Sie gerade?«, da kann ich immer nur sagen, an mir.

> ich sollte wieder lyriker werden aber wer kennt die sterne und streifen meiner unsterblichen psyche wer ihre sehnsucht nach einem schönen frühstück mit russischem kaviar und zitronentee wieder gedichteschreiben das wär was doch mein menschenrecht mein anarchistisches menschenrecht auf faulheit stellt mir ein ums andre mal ein wohlgeformtes bein ich leiste mir eben eine ganz persönliche elitäre nostalgie und denke an die ungeborenen verse die lt ibsen stets die schönsten sind ...

Nachrichten aus Nord und Süd,
Salzburg und Wien, 1978

Salzburg, Moos 1985

Sehnsucht, rückwärtsgewendet und gegen den Wind.

Ich bin am 12. Juni 1921 in St. Achatz am Walde, einem Waldgeviert im Waldviertel geboren, und die Leute zerbrechen sich den Kopf, wo St. Achatz denn läge, und dann heißt es, das gibt es gar nicht. Wenn ich das sage, dann gibt's das, sonst würde ich keine Gedichte schreiben, wenn ich ein Gedicht schreibe, dann gibt's das.
Breitensee, »bradnsee«, wo ich aufgewachsen bin, ein Wiener Vorort am Wienerwald. Die Bevölkerung dort fast nur Tschechen, ein böhmischer Bezirk, und wir sind als Waldviertler dort hin und haben uns wohl gefühlt.
Keine Autos, warme Asphaltstraßen, Melonenverkäufer, hunderte Kleingewerbetreibende, immer ist irgendwo Gehämmer und Gepoch aufgestiegen, diese ganzen Kellerlokale, es war sonnig und warm, es hat was Südliches gehabt.

Gras
Pflaster
Gras

Gras
und
Gaslaternen.
        Laternenbäume,
        Vorposten der Wälder,
        elegische Fahnenstangen,
        an denen Erinnerung flattert.
        Sehnsucht, rückwärtsgewendet und
        gegen
        den Wind.

Schwertlilien
haben die sentimentalen
Jalousien der Vergangenheit
zurückgezogen.
Ein Stein
von Knabenhand gehoben und geworfen
hat die Scheiben zertrümmert.
Da liegen sie in Scherben,
zwischen Asche, Schafgarbe und Ohrwurm-
    genisten.

        Laß einen Ohrwurm
        über den Handrücken laufen,

und du kannst dir vorstellen,
wie ein solcher durch die
Blätterwälder der
30er Jahre knistert.

Wiener Vorstadtballade, Salzburg, 1991

Mein Vater, Schuhmachermeister, war in italienischer Kriegsgefangenschaft und hat so ganz gut Lombardisch gelernt, daß er es mir als Kind hat beibringen können. Nebenbei habe ich Tschechisch gehört und gelernt und Ungarisch. Und mein Großvater war Jäger, und wenn man da auf ein Tier wartet, das nie kommt, und auch sonst nichts vorfällt, dann spricht man zu Hause sein Jägerlatein. Das ist genauso ein Latein, das ich als Dichter verwende.

xxxvij
ihr jäger mund ist naß von meines
herzens blut
das pfeildurchzittert nun in einem
netze ruht.
noch eben sang die nachtigall im
grünen grund,
stumm steigt der mond aus einer wunde,
rotbeschuht

Gedichte über die Liebe und über die Lasterhaftigkeit,
Frankfurt a.M., 1975

Wenn du mich damit konfrontierst, was da im Suhrkamp-Taschenbuch The Best of H.C. Artmann steht, »Mütterlicherseits: treuherzige Träumer, recht schöne Menschen, eher ungeschickt. Väterlicherseits: ungebildete Hochstapler mit nicht ungebildeter Eleganz«, so etwas kann man doch nicht schreiben, das ist doch peinlich direkt.

Väterlicherseits haben die Meinen einen gewissen »Schmiß« gehabt, und die anderen waren halt Bauern. Die einen aus dem Weinland, die anderen aus dem Kartoffelland.

Meine Mutter hat immer erzählt, wie sie nach Wien gekommen ist, als Dienstmädchen, und mein Vater von diesem Unternehmen, von dem er nicht sehr begeistert war, vom 1. Weltkrieg. Und was meinen Bruder betrifft, so hat meine Mutter das immer irgendwie weggeschminkt, sie hat das nicht wahrnehmen wollen, daß er nicht mehr kommt, vielleicht ist er nur verschollen ... Sie hat nie gesagt, er ist TOT, mit 18 erschossen.

Die Schule, ich habe ja nur die Hauptschule besucht, hat mich nur abgelenkt, ich wollte in die Tropen gehen. In einem Schulaufsatz habe ich als Berufswunsch Koch dazugeschrieben, damit der Lehrer eine Ruh' gibt und mich nicht belästigt. Solange die Schule sozialistisch war, ging's, und dann sind die Zwangsmaßnahmen gekommen. Grammatik, entsetzlich. Ich habe in Deutsch – die schlechteste Note war 4 – einen 3er gehabt.

Als vor fünfundfünfzig jahren der zeppelin wie eine silbergraue zigarre über das sommerliche wien flog, schrieben alle schulkinder in ihre aufsatzhefte: *Der zeppelin sieht aus wie eine silbergraue zigarre. Dieses larifari hatten ihnen die lehrer eingeredet.*

Ein Album mit alten Bildern
und neuen Texten, Salzburg und Wien, 1986

Französisch hätte ich gerne gelernt, aber das war nur für solche, die in Deutsch besser abgeschnitten haben. So bin ich denen auf die Nerven gegangen, die aus der Französischstunde herausgekommen sind, und ich habe sie gefragt, wie das und das geht, das hat mich interessiert, das war mir aber verboten. Die Schule war mir immer etwas peinlich. Es war immer ein Zwang. Zuerst die Schule, dann das Militär, wo man diesen Druck verspürt, diesen tödlichen.

da steht er der regionalist da setzt er seinen regionalen hut ab da läßt er seine augen über die region schweifen da hebt er wieder einmal seinen regionalen rohrstock oh bitte bitte nicht zu fest das rohrstaberl der autoritären schulen seiner eltern sein schwarzer hund sitzt ihm bei fuß er macht kluge augen der lehrer zornige die seinen

> aber flammen gerecht und rot ein zotteliger pudel richtet seinen schwanz auf eine junge obderennserin steigt AUF den wirtshaustisch und wird durch drohungen und gutes zureden gezwungen ein schändliches lied bezw einen schändlichen vierzeiler zum besten zu geben *jo der traunstoan is spitz und die menscher san gschlitzt und der pfarrer der pfaff der budert wie r a aff* worauf er seinen geölten rohrstock wieder absetzt und den schwarzen pudel UNTER den wirtshaustisch verweist.
>
> *Nachrichten aus Nord und Süd, Salzburg und Wien, 1978*

Mütterlicherseits waren sie rot und väterlicherseits mehr so katholisch schwarz, die Sozialdemokraten in der Familie waren ziemlich heidnisch. Meine Großmutter hatte so schöne Aussprüche, *»wann i bet'n geh'n wü, geh' i net ind' Kircha, da geh' i in Wald zu an Bam«*.

Außerhalb der Schule war ich immer so der Anführer, und sie haben mich immer im Stich gelassen und im Grunde ausgelacht. Bei so Straßenschlachten gegen andere Straßen habe ich immer aufgerufen, um jetzt diese oder jene Straße zu erobern, durch Kanäle waten, und zum Schluß haben sie gelacht und ha, ha gesagt, wie es in Wien ja ist. In Wien gibt man das und sich gleich auf und sagt, der Depperte, der Verruckte, der Spinner. Als Spinner habe ich auch bei denen gegolten, die sich mit meinen Ideen angefreundet haben, das waren aber meistens keine Wiener, die waren von auswärts. So habe ich ein Pech gehabt mit Wien, *»Ah, geh', laß' mi anglant«* und so.

Ich habe nie richtige Freunde gehabt in dieser Zeit. Das, was positiv an Wien ist, das hätte ich in Zagreb, in Budapest oder in Prag sowieso auch gehabt, ohne diese Nachteile. Wien lag damals wirklich am Boden, in den 20er, 30er Jahren, aber heute ist es genaugenommen auch noch so.

Mein Vater hat als Handwerksmeister wenig verdient, meine Mutter hat gut gewirtschaftet, mit Zwetschkenknödel und Erdäpfelsuppe, aber ich hab' schon als Bub immer den ganz Großen gespielt. Nicht arrogant, aber ich wollte im weißen Anzug am Strand sitzen, und da ist natürlich für mich dieser ganze Proletenkult gar nichts gewesen.

meine kinderstube war zwar bescheiden ich bin bei erdäpfelsuppe und zwetschkenknödel aufgewachsen allein ich habe immer danach getrachtet ein mensch zu bleiben der nirgends aneckt schon im zartesten knabenalter vermied ich es glashäuser zu zerstören oder polizeihunde zu vergiften und trotzdem rief mir ein mährischer zitherlehrer nach *värbrächernatuur apache* gott hab ihn selig wollte ich allen das nachtragen was ich ihnen nachzutragen hätte sindbad der lastträger na ja und so weiter sie wissen schon wo der hase auf der milchsuppe schwimmt das mit der goldenen jugend ist ein blecherner trick der erwachsenen ...

Nachrichten aus Nord und Süd, Salzburg und Wien, 1978

Ob ich Schuster werde wie mein Vater, war nie ein Thema. Obwohl ich das auch kann, Absätze reparieren und so, bei einem handgemachten Schuh. Mein Vater wollte, daß ich was anderes mache als diese Plagerei. Lehrer, wie in der Familie meiner Mutter. Wenn man nichts geerbt hat, ist man Lehrer geworden. Vierzehn Kinder, ein paar Töchter heiraten in andere Bauernfamilien ein, einer übernimmt den Hof, und die anderen werden Lehrer.
Ich bin oft in der Schusterwerkstatt gesessen, das ist ein Beruf, wo sehr viel gesprochen wird, da wird geredet, Schmäh g'führt und Anekdoten erzählt. Ununterbrochen. Für mich eine ungeheuer schöne Unterlage. Die mährischen Gesellen haben Geistergeschichten erzählt, Stoikowitz, der Hausmeister, hat seine ganzen Casanovageschichten aus der Stadt Haag herumerzählt, ein gewisser Fischl, genannt der Rattenjud, ist bei uns sitzengeblieben, wenn er

kein Geld 'kriegt hat, er hat Luftgeschäfte gemacht, ein Nepochant, aber sehr liab, und hat wieder seine jüdischen Schmäh g'führt. Ich hab' das alles sehr genossen in meiner Schüchternheit. Ich war schüchtern, vor allem schüchtern den Mädchen gegenüber. Natürlich hat mir die und die gefallen. Einmal war ich in der Tanzschule, Tanzkurs in Hietzing, Anstandslehre und Flanieren, eine einzige Peinlichkeit, und für mich ist natürlich das letzte Mauerblümchen über'blieben. Ich bin da nie mehr hingegangen. Mädchen waren für mich was Unerreichbares. Ich habe mich mehr auf die Straße konzentriert, Räuber und Gendarm, und wenn ich eine gesehen hab', die mir gefallen hat, dann hab' ich das in der Nacht in mein Tagebuch geschrieben. Ich war sehr scheu, es hat da überhaupt nichts stattgefunden, mit Mädchen nicht und mit Buben auch nicht. Ich bin lieber in's Kino gegangen und habe mir Abenteuerfilme angeschaut.

mit achtzehn notierte ich wenigstens alle kinofilme die ich damals sah das war die einzige arbeit die ich nahezu ein jahr durchhielt ich vermerkte sogar die innegehabten sitzplätze und den jeweiligen preis der billetts ein wirklich historisches werk heute ja zum beispiel heißt es da 1939 gloriettenkino am 28.8. tanzende venus 6. reihe sitz 10 80 pfen-

nig breitenseerkino am 30.8. dir gehört
mein herz 6. reihe sitz 58 50 pfennig gloriet-
tenkino am 31.8. bengali (zum 5. mal) 1. rei-
he sitz 6 50 pfennig schönbrunnerkino am
2.9. die barmherzige lüge 3. reihe sitz 20 60
pfennig roseggerkino am 4.9. fräulein 4. rei-
he sitz 5 60 pfennig germaniakino am 8.9.
der gouverneur 7. reihe sitz 4 50 pfennig
meidlinger biograph am 10.9. scotland yard
erläßt haftbefehl 4. reihe sitz 27 70 pfennig
und so weiter

Nachrichten aus Nord und Süd, Salzburg und Wien, 1978

Meine Mutter hat die Poesie geliebt und gelebt, und mich erhalten. Sie war froh, daß ich schreibe, sie wollte es auch, hat es aber nie gemacht. Sie war wunderbar menschlich und hat mich nicht nur erhalten, sie hat mich ausgehalten. Was hätte ich denn sonst machen sollen, als Sprachen lernen. Und so habe ich mit Begeisterung entlegene Sprachen gelernt. Und die Schriften haben mich interessiert, als Geheimschriften. Ich habe ein ganzes Buch in Sanskrit verfaßt mit meinen geheimen Gedanken darin. Aber wer interessiert sich schon für Sanskrit oder Hindi? Oder Araukanisch? Völlig verrückte Sprachen. Tschechisch und Ungarisch habe ich zu Hause gelernt. Assyrisch habe ich mit vierzehn angefangen, und Malaiisch ... Es gibt ja sehr melancholische Sprachen. Auch in Österreich. Zwischen Kärnten und der Steiermark besteht ein riesiger Unterschied. Die Steiermark ist fast ungarisch, jedenfalls herzhaft. Wien widerum ist ganz tschechisch. Das Italienische ist sehr sonnig, aber nicht die Dialekte. Deutsch ist mir immer die liebste Sprache. Es ist meine Sprache. Ich bezeichne mich nicht als österreichischen, sondern als deutschen Dichter. Nur weil Hitler da war, will man kein Deutscher sein und ist dann ein österreichischer Lyriker. Mir ist das zu kleinstädtisch. Ich bin ein ziemlich musikalischer Mensch. Ich kann keine Noten, habe aber zehntausend Melodien im Kopf. Wortmelodien. Die Sprachen sind mein Werkzeug. Ich liebe und ich brauche sie, wie ein Minnesänger seine Angebetete gebraucht hat. Meine Mutter hat das erkannt. Die schwarzen Sachen haben ihr nicht gefallen, die zarten um so mehr.

als das christkind / am anfang der welt /
seine
gaben verteilte / da gab es: / anselm die
treue /
antonien die anmut / und casparn / sein
bösartiges / dunkles / herz ...

Gedichte über die Liebe und über die Lasterhaftigkeit,
Frankfurt a.M., 1975

Mit 18 bin ich eingerückt. Eingezogen zu werden war im ersten Moment ein Abenteuer, und nach ein paar Wochen habe ich mir gedacht, »Scheiße!« Nach Afrika wollt' ich, und dann schicken sie mich nach Polen. Ich hab' das als richtigen Traumzustand erlebt. So als Eisschollenhüpfer, man versucht immer die nächste Eisscholle zu erreichen, daß man ja weiter kommt und nicht in's Wasser purzelt. Wie in Shtepovka in der Ukraine. Ungefähr dreißig Meter vor mir ist einer gelegen und zielt auf mich. Und ich auf ihn. Ich konnte den Burschen nicht einfach abschießen, ich konnte nicht, das war alles. Er hat abgedrückt und ich nicht. Die Szenerie gespenstisch wie in einem Western: Blauer Himmel, summendes Brachfeld. Ich hab' geschrien, »Au weh', mei' Nieren«, es war aber nicht die Niere, sondern im höchsten Oberschenkel. Und dann hab' ich ein zweites Mal geschrie'n, »Sanitäter, du Trottel, komm' her«.

ich rauchte die gute zigarette die ich wie damals in der schule mit der hand verdeckt hielt zwischen daumen und zeigefinger mit der handfläche darüber damits das lehrpersonal nicht sehe und das dumpfe schmerzgefühl in meiner rechten seite ließ allmählich nach und ich dachte mir hoffentlich schießen die arschlöcher von der artillerie bald etwas weiter nach vorne und dann rief

ich sani du trottel hilf mir aus der scheiße
und der sani ein oststeirer namens rinds-
haupt schrie von hinten sehr diphtongisch
zu du troutl wous bist denn so wait viri
aber dann hatten die deutschen das kleine
scharmützel gewonnen und der rindshaupt
schnitt mir mit einem schlechten messer
den stiefel vom bein was mir ziemlich weh
tat und die kameraden sagten armer teufel
dich hats jetzt auch derwischt und der
oberleutnant kaiß aus vorarlberg hielt eine
kleine heroische rede und ich kam mir vor
wie jener irische sergeant aus dem welt-
kriegsroman die bestie erwacht von liam o
flaherty aber ich wurde weder ohnmächtig
noch starb ich an ort und stelle ...

Nachrichten aus Nord und Süd,
Salzburg und Wien, 1978

Bein durchschossen, Kriegsversehrter zu 55 Prozent. Ich bekomme vom Staat dafür ein paar hundert Schilling Kriegsrente, daß man ja immer daran erinnert wird. Mein Blutgeld ist also schon da.

Im Lazarett, das war im Verhältnis wunderbar. Sehr preußisch, streng, aber gerecht. Österreicher waren da irgendwie komisch gelitten, und da waren ja noch Leute, die

aufbegehrt haben. Nach ein paar Monaten warst entweder tot oder gesund gepflegt.
Dann begann meine Odyssee als Flüchtling. Ich wollt' in die Schweiz und von dort zu den Engländern rüber. Das ist mir aber nicht gelungen. Sie haben mich beim Fluchtversuch erwischt und nach Brünn in's Gefängnis. Kurzer Prozeß, wegen Fahnenflucht, zwölf Jahre Zuchthaus, abzudienen in einer Strafkompanie. Da hab' ich mir sofort wieder gedacht, ich geh' durch, ich muß weg. Erwischt worden bin ich dann in Wien, und gleich zum Tode verurteilt, und die Bestätigung des Todesurteiles ist nach Berlin gegangen. Alles sehr deutsch. Wenige Tage vor Erklärung des »Standrechtes« – also Deserteure sofort erschießen oder Kopf ab – bin ich erwischt worden, als »Schimmler«, als »U-Boot«. Wie oft bin ich da in der Nacht niedergeschossen oder mit der Maschine geköpft worden, brrrt.

Wir sind da im Gefängnis gesessen und haben darauf gewartet, wen sie rausholen. Jeden Tag einen.
»Pfiat euch, wir seg'n uns im nächst'n Leb'n«, aber weinerlich war die Stimmung nicht. Ich hab' englische Texte vorgegeben, und wir haben Schlager aus dieser Zeit gesungen. Jeden Tag, wenn sie einen rausgeholt haben und das Türl offen war, wollte ich runterrennen auf die Lerchenfelderstraße und davon, und immer der Gedanke, ich muß durch-

kommen. Ansonsten hätt' ich mich umgebracht. Es war ein Wahnsinn, und obendrein nichts zu fressen.

Nach ungezählten Monaten sind endlich die Russen vor Wien gestanden, wir sind rausmarschiert aus dem Gefängnis: So, ihr werdet jetzt Wien verteidigen. Wir, die »Schimmler« und die »Selbstverstümmler«, die sich mit Petroleum eine Spritz'n gegeben hab'n oder sonst irgendwie phantasielos verstümmelt haben. Unser Kommandant, ein Major, hat sechs Jahre wegen »Schiebung« bekommen, der ist mit uns wegmarschiert über die Donaubrücke, die sie hinter uns gesperrt haben. In Strebersdorf haben wir uns angefressen mit roter Grütze und dazu ein guter Wein, bis wir Durchfall bekommen haben. Ansonsten war ein Tag wie der andere. Zwangsarbeit.

der kanonen stimme
waltet ein gott.
die zufahrt zu ginster
brücke und bach
der ertrinkende
kreisel des regens
zerfällt in der farbe
staubiger wochen.
die nacht ist gerecht
durch das schlafen
am fluß.

der könig stumm
im gefecht des abends
und tapfer.
im pfaugarten der zelte
stolziert indes
die vergangenheit
ein glänzender nabel
am mond der zuweilen
die tulpen von blois
frischt ...

verbarium, Olten, 1966

1944 war ich im Elsaß in der Strafkompanie. Die Front war sehr nahe und in einem Waldstück haben sie uns wieder einmal die Haare völlig abgeschnitten. »Bitte austreten zu dürfen«, sag' ich zum Obergefreiten, »Ja, ja, aber nicht zu weit entfernen«, und ich bin dann losgerannt durch den Wald und hinter mir haben sie nachgeschrien und nachgeschossen. Versteckt hab' ich mich bei einem Bauern im Heu. Sie haben alles abgesucht und ausgerechnet bei »meinem« Bauern die ganze Nacht durchgesoffen und im Suff mit Heugabeln meine Umgebung bearbeitet. In der Früh', ich vorsichtig raus, steht der französische Bauer vor mir und sagt, »die anderen sitzen da drinnen«, und ich »pssst, ich bin der, den sie suchen«. Dann hat er mich da rausgeschleust und mir den Weg in's Gebirge gezeigt. Zehn Tage war ich dann bei Bergbauern, die haben mir eine blaue Montur gegeben, ich mußte wieder weg, wenn's die erwischen mit einem Deserteur, schießen's die ganze Familie nieder. Ich überquer einen Paß, kommt mir einer entgegen und fragt nach meinem Ausweis. Ich hab' meine Uniform angehabt, die verräterischen Insignien heruntergerissen und diese blaue Montur darüber. Von den Franzosen hatte ich so einen kleinen finnischen Dolch bekommen, reiß den raus, zerschneid' dem das Gesicht und fliehe in's Tal. Dann hab' ich sie gehört, die Hunde, wie sie kommen. Damit sie meine Spur verlieren, bin ich in's Wasser. Bis zur Brust im Wasser, im November. Dann in's nächste Dorf, in einen leeren Pferdestall, die waren ja alle requiriert. Da hab' ich mich im Pferdemist vergraben, das war nur schwer auszuhalten. Am Abend mit ein paar Franc von »meinem« Bauern sitz ich in einem Gasthaus ganz hinten, auf einmal schaut mich einer so an, oh je, nicht schon wieder. Ich überleg' mir, wie ich da rauskomme, da steht der Kellner da mit einem Essen, »wieso, ich hab' nichts bestellt«, »der Herr da drüben hat das bezahlt«.

In den Nächten hab' ich mich durchgeschlagen bis nach Freiburg. Mein neues Zuhause war der Friedhof, relativ sicher. Und wenn ich einen Hunger gehabt hab', bin ich zum Fleischer oder zum Bäcker – rein, raus – und hab' was gestohlen. Da muß man blitzschnell sein als Vogelfreier. Bei vollem Risiko im Krieg kannst machen, was du willst. Dann hab' ich mich als abgeschossener kanadischer Flieger ausgegeben, das ging irgendwie mit meinem schlechten Englisch damals. Dieser Polizeihauptmann, zu dem sie mich gebracht haben, hat nicht gewußt, was er mit mir anfangen soll. Seine fesche Frau ist mit einem Marmeladebrot dahergekommen, für mich als Gefangenen, »wie weit sind sie denn schon« und so, und er sagt, »können wir was tun für Sie«, patente Leut', so ein bißchen aufmüpfig. Meine Daten hab' ich frei erfunden. In Neufundland geboren, kein Problem. Vier Wochen bin ich dort gesessen und hab' mich von der Frau des Polizeihauptmannes verpflegen und unterhalten lassen. Dann ist Freiburg bombardiert worden.

Die ganze Gefängnismauer ist wie ein Puppenhaus runtergebrochen. Ich hab' noch schnell vom Gefängnisdirektor den Anzug angezogen, seine Schuhe, die nicht gepaßt haben, dickere Socken und raus. Beim Rausspringen hab' ich mich noch am Fuß verletzt. Nach diesem Bombenangriff, ich allein auf der Straße, mit mir ein mit einem Bein gefüllter Stiefel. Ein Zivilist, schrecklich. Die Leute sind aus ihren Kellern raus und haben geschrien und geweint. Ich habe noch versucht, Verschüttete auszugraben und bin dann in's nächste Wirtshaus, so Rationierungsmarkerl fladern. Dann haben's noch mehr g'schrien, »da wird geplündert ...«, dann bin ich wieder davon.

In Salzburg sofort wieder in's Gefängnis.
Drei Wochen nichts gegessen, nur Zigaretten geraucht. Mein Essen im Tausch gegen Zigaretten der anderen Häftlinge. Dann haben sie mich als »Lungenkranken« ins Landeskrankenhaus eingeliefert. Da war so eine Schwester, Sieglinde, die hatte bei ihrem weißen Kittel immer einen Knopf mehr offen, die hat mich durchgefüttert, bis sie aufgeregt zu mir kam, »Herr Roland«, ich nannte mich Franz Roland, »es tut uns allen so leid, aber es kommen ein paar Herren von der Staatspolizei, hier sind Ihre Kleider und verschwinden Sie, schnell.« Ich bin sofort ins Lifka-Kino gegangen und hab' mir »Die sieben Briefe« angeschaut, und danach in der Nacht nach Ischl, zu Fuß durch den hohen Schnee, und mit der Bahn nach Wien. Ich klopf' an unser Fenster, »Hansi, Hansi«, meine Mutter, »komm' schnell rein und versteck' dich.«
So war ich jetzt in Wien und bin bei allen möglichen Leuten untergetaucht, bis mich jemand verraten hat. Dann war ich wieder im Gefängnis in der Burggasse. Dann waren die Russen da, endlich.
Für mich war dieser letzte Kriegstag, also daß der Krieg jetzt aus ist, eine völlig neue Welt, und da hab ich mein erstes Gedicht geschrieben. Ich habe da ein Mädchen gesehen, ein ganz junges. Ich greif' zum Tintenblei und schreib das auf. In Hollabrunn am 11. April 1945.

Junger Regen

Unter weißblühenden Bäumen
näßte mich
laurieselnder Regen ...
da trug ich im Herzen
sehnendes Verlangen.
Ein schmeichelnder Windstoß kam,
Vor seiner sanften Gewalt
fielen die hellen Blüten und senkten sich
tänzelnd zu Boden,
verwelkend ...

Ib Hansen

ein lilienweißer brief aus lincolnshire,
Frankfurt a.M., 1969

Begeisterung bei einer kleinen Siebzehnjährigen. Eine Müllerstochter, die Mühle ist heute ein Museum. Mit der hab' ich gar nichts gehabt, drei Stunden gesehen, und ich bin dann weggegangen und hab' dieses schlechte Gedicht geschrieben. Und ich wollt' weiterschreiben. Dann hab' ich so konservativ angefangen. Der Krieg war aus, was hätte ich auch im Krieg schreiben sollen.
Sechs Tage später war ich bei den Amerikanern und hab' als Dolmetscher Gefangenen geholfen, sie befragt, durchge-

schleust, in Plattling bei Regensburg. Die haben mich dann dort gefragt, was ich denn bin, »Schriftsteller«, hab' ich gesagt. Ich war ein Schriftsteller, der ein Gedicht geschrieben hat. Was hätte ich denn angeben sollen, Beschäftigungsloser oder Privatier oder Kriegsteilnehmer oder Deserteur oder zum Tode Verurteilter oder Abenteurer.

In Ingolstadt hab' ich mir so ein Zimmer gemietet und angefangen, richtig zu schreiben. Gedichte, und Tag und Nacht gelesen. Vorexpressionisten, Expressionisten und Dadaisten. Gearbeitet hab' ich nichts, Aufbau wozu. Gelebt hab' ich nur durch Schwindel und Betrug. Von Ingolstadt über Ischl, da war auf der Kaiserinsel so ein Rückführungs- und Flüchtlingslager, nach Wien durchgeschlagen.

Und in Wien hab' ich ein zweites Mal zu Hause angeklopft, in der Früh', »Hansi, Hansi« und so. Die Mama unter Tränen. Da war Wien schon ganz befreit. Meine Mama hat mir eine Schreibmaschine gekauft, und ich mußte nicht mehr mit der Hand alles aufschreiben.

Ich hab' dann an Radio Wien Gedichte von mir geschickt, 1947, und da wurden dann im Radio drei Gedichte von mir gebracht.

wald ...

ich bin der tiefdunkle krug
: ein sonnennachmittag ist das blatt
meiner eigenen dämmerseele
: perlenungeziert dufte ich auch
voller ahnung die augen
: blütenwurzelig im nachtmoos
ein licht nach dem andern
: raschelnde mondseide
verrinnt in meinem lächeln
: die spinnen atmen

ein lilienweißer brief aus lincolnshire,
Frankfurt a.M., 1969

Mit den Eltern, 1923

Wien, 1947

Engeran bei Preßburg, 1940

Soiree mit illuminierten Vogelkäfigen

Wie ich nach dem Krieg als Dolmetscher gearbeitet habe, bei den Engländern, draußen in der Maria-Theresien-Kaserne, lerne ich den René Altmann kennen. Der war ungeheuer begabt. Der erste Mensch, mit dem ich reden hab' können. Dann heiratet der blöde Hund, und gleich zwei Frauen, die Schwiegermutter dazu. So Norddeutsche, spießig, spießig, und seine poetische Verelendung hat begonnen. Das nahm einen ganz unglückseligen Verlauf, und er ist irgendwann einmal gestorben.
Dieser René Altmann hat mich aufmerksam gemacht, daß es in Wien jetzt eine Zeitschrift gibt, die »Neue Wege« heißt. Da sind wir ganz bescheiden hin und jeder hat gesagt, er schreibt. Die Jeannie Ebner war dabei, und der Eisenreich, der Polakovićs, also Namen, die man heute aus der Literaturgeschichte kennt. Der Polakovićs hat formvollendete, wunderbare Gedichte geschrieben. Von einem Rilke nicht zu unterscheiden. Auf einmal steht er auf und sagt, daß hat doch der Rilke schon gemacht, warum soll ich weitermachen, und hat aufgehört. Wir sind jeden Dienstag so vier,

fünf Stunden zusammengekommen, in der Hofburg, und haben uns unsere Sachen gegenseitig vorgelesen. Und dann wurde ausgewählt, ja, nein, halb gut und so.

zueignung

lerne was,
so hast du was
kauf dir drum
ein tintenfaß,
füll die feder
dann darin,
nimm papier,
schärf deinen sinn.
schreibe nicht
ein licht gedicht,
weiß schreibt nur
der böse wicht.
krauchen solls
durch blut und bein
bis ins herzens
kämmerlein.

Gedichte über die Liebe und über die Lasterhaftigkeit,
Frankfurt a.M., 1975

Damals haben alle Rilke gelesen. Hört's mir doch auf mit dem Rilke, hab' ich geschrien, was soll ich mit dem Scheiß. Die verbotenen Expressionisten, das ist was. Die kennen wir nicht, hab' ich dauernd gehört. Na, dann werd' ich sie mitbringen, und wir lesen sie im Kollektiv. Mit Begeisterung. So waren die »Neuen Wege«.

Vor den »Neuen Wegen« gab es eine sehr kuriose, lose Gruppe in Mödling um Wieland Schmied, der damals Redakteur bei den »Mödlinger Nachrichten« war. Werner Riemerschmid, einer der besten Surrealistenkenner und Übersetzer, sprach in Mödling zu den Themen »Schwarzer Humor« und »Prosagedichte«. Drei konservative Literaturvereine gab es da, und ich habe die alten Tanten mit Pound, Garcia Lorca, Neruda, aber auch mit Eigenem konfrontiert. »Das ist aber sehr gewagt«, und wir haben da voll reing'haut.

In den »Mödlinger Nachrichten« gab es jede Woche mindestens eine total erfundene Meldung. Ich habe den großen walisischen Dichter Peter Rhidian Williams, ein Freund aus Wien, der aus Wales stammte, mit keltischen Funden, er war auch Keltologe, ganz groß angekündigt. Er war weder Dichter noch Keltologe, noch gab es irgendwelche Funde. Oder die TASS-Meldung, daß Professor Stowasser in Kiew eine Weizensorte gezüchtet hat, von der ein Mensch mit einem Kilo ein Jahr lang leben könnte.

Es erschienen auch einzelne Glossen, die internste Themen der »Neuen Wege« behandelten, so daß kein Leser die verschlüsselten Botschaften verstand.
Dann haben wir Geschichten erfunden, die jetzt schon als Sagen in Schulbüchern auftauchen. Was heißt schon erfunden, jede Geschichte ist erfunden. Mir bedeutet der Vorgang was, daß etwas zur Volkssage wird oder zum Volkslied wird, das aber gar nicht einen alten Ursprung hat.
»Geistererscheinungen in der Hinterbrühl«, über die wir laufend berichteten. Wir erfanden ein Spukhaus, halfen okkulten Phänomenen mit seltsamer Geisterverkleidung kräftig nach und flohen vor der herbeigerufenen Polizei. Die, die die Geister sahen, behaupteten, wir hätten sie ermorden, nach Sibirien entführen oder als rituelle Opfer auf der Römerwand schlachten wollen. Was blieb, ist eine saftige Geldstrafe.
Die nächste Polizeiaktion war beim Heribert Vesely, ein Jungfilmer, bei dem der »Dr. Faust-Klub« wegen angeblicher »Orgien« mit großem Polizeiaufgebot ausgehoben wurde.
Die »Mödlinger Nachrichten« verkauften sich gut, trotzdem wurde Wieland Schmied rausgeworfen. Vorher hab' ich noch »Von einem Fernrohr« reingegeben und die Reaktionen waren gewaltig. Das muß man sich nicht gefallen lassen, Skandal und so halt.

Von einem fernrohr

Als zithermotiv zu betrachten

Sieben im walde vergrabene leichnämer hatten sich zu einer zwanglosen gebeinschaft zusammengetan, um auf diese weise dem ahnungslosen reisenden, dessen weg mehr aus zufall an ihren ungeweihten gräbern vorüberführte, einen neckischen schabernack spielen zu können.
Da aber selten wer vorüberkam, wurden die lauernden freilich ein wenig von der langeweile geplagt und in diesen zeiten pflegte der todälteste, welcher eine angenehme kastratenstimme besaß, den anderen altertümliche balladen vorzusingen, während ein zweiter das zimbal schlug.
Die zwei jungen frauen unter ihnen hatte man erst kürzlich erschlagen und sie waren daher noch nicht sehr verwest, was ihnen beim reigentanz recht hübsch anstand, zumal sie frische birkenkränze im gelösten haar trugen.
– Ihr schritt – berichtete mir eines tages ein forstadjunkt, welcher sie in einer müßigen stunde durchs fernrohr erspähte – schien leichtfüßig wie der fortgepustete samen vom verblühten löwenzahn, und die fetten

raben über der kleinen waldlichtung konnten sich an der anmutigen szene nicht genug sattsehen ...

Grammatik der Rosen, Salzburg und Wien, 1979

Wie wir noch die Kleinstadt Mödling beunruhigten, gründeten einige moderne Maler den »Art Club« in Wien. Die meisten sind aus dem Exil zurückgekommen und Paris von Gütersloh war der Präsident. Die Maler der »Wiener Schule des phantastischen Realismus« haben erstmals was ausgestellt. Rudolf Hausner, Wolfgang Hutter, Ernst Fuchs, Friedensreich Hundertwasser, der war damals noch der Papiersackerlbemaler, usw.
Dann sind auch Schauspieler rein, Musiker und wir. »Schon wieder ein Dichter«, hat man oft gehört. Der Kreis der Avantgardisten erweiterte und differenzierte sich. Es haben sich Freundschaften rauskristallisiert, mit Gerhard Rühm, Friedrich Achleitner, Oswald Wiener und natürlich Konrad Bayer. Es waren viele Mädchen dabei, die auch geschrieben haben, Gedichte. Man hat geschrieben, geredet, getrunken und schwadroniert. Und man hat geschnackselt, daß es gekracht hat. In der Presse erschienen hämische Artikel, »Die entartete Kunst ist unter uns«. In einer Atmosphäre von Ignoranz und wütender Ablehnung waren wir aufeinander angewiesen, um nicht noch isolierter zu sein. Gestritten

wurde trotzdem viel, die Maler vor allem. Die Gegenständlichen mit den Abstrakten, bei den Literaten gab es eine gewisse Ablehnung den Leuten gegenüber, die sich um den Weigel scharten, und die freie Gruppe, die sich dem Diktat nicht gefügt haben.
»Weigelianer« und »Artmannianer«. Der Weigel war ein mächtiger Bursch damals, und er hat so Spottgedichte über mich geschrieben und wollte allen vorschreiben, wie man was schreibt. »Artmann, es heißt nicht – Gedichte aus Breitensee –, es heißt Verscherln aus Breitensee.« »›Ferscherln‹, ist das, Herr Weigel«, und hab' auf meinen Fuß gedeutet. Die Weigelianer sind dann weniger bei uns gesessen, und aus denen ist ja auch nichts geworden, die sind gestorben, unverdorben.
Die erste Abspaltung vom Art Club war die »Hundsgruppe«. Die agressiven Linken mit Erich Brauer, Ernst Fuchs, Anton Krejcar, Wolfgang Kudrnofsky, Maria Lassnig und Arnulf Rainer, der radikalste unter ihnen. Ich war bei der Eröffnung dabei: »Ich bespucke euch«, hat der Arnulf Rainer geschrien. Er hat sein »Verschimmelungsmanifest« vorgelesen. Das haben wir alle unterschrieben. Der Art Club hat sich dann später aufgelöst, Selbstauflösung. Eine große Versammlung, ein paar Watsch'n hat es noch gegeben, und wir haben beschlossen, die Zeit des Art Club ist vorüber. Das Lokal »Der Strohkoffer« war schon längst der Aufnahme-

tiegel für den Art Club. Es war viel los. Turbulente Feste, Ausstellungen, Lesungen, Konzerte.

Den Friedrich Gulda kenne ich vom »Strohkoffer«, er spielte auch dort. Gulda hat sich ja als Sänger »Golowin« ausgegeben, später. Dieser »Golowin« ist für mich eine wichtige Person. Der Fürst Golowin war Bundesrat in Bern, einer der verrücktesten Teufel, die's gibt. Und der Gulda kommt da als Vagabund Golowin daher und singt, unglaublich. Im »Strohkoffer« hat er Jazz gespielt.

Jean Cocteau, Benjamin Britten, Orson Welles besuchten uns. Wir hatten engen Kontakt mit französischen Surrealisten genauso, wie mit jungen chilenischen Anarchisten, und wir wollten Theater machen. Unbedingt.

Der Konrad Bayer, seine Freundin Gina, die beiden sind wie ein Prinzenpaar so strahlend durch Wien gegangen, und meine damalige Schweizer Freundin, wir vier haben so einen Katakombenkeller ausgeschaufelt. Diese Katakomben gehen durch ganz Wien. Da war aber noch so ein giftiges Zeug vom Krieg, und dem Konrad und seiner schönen Freundin ist die Haut vom Gesicht runtergefallen. Wir haben trotzdem alles rausgescharrt und so eine große Bühne gebaut und versucht – da tief unten – etwas aufzuführen. Die Mädchen sind mit Büchsen herumgegangen, um Geld zu sammeln für die Aktivitäten. Getrunken haben wir so einen fürchterlichen Billig-Rum.

Wir veranstalteten »poetische acte«, »macabre feste«, »schwarze messen«, »imaginäre hinrichtungen«, und ich verkündete meine »acht-punkte-proklamation des poetischen actes«.

acht-punkte-proklamation des poetischen actes

es gibt einen satz, der unangreifbar ist, nämlich der, dass man dichter sein kann, ohne auch irgendjemals ein wort geschrieben oder gesprochen zu haben.
vorbedingung ist aber der mehr oder minder gefühlte wunsch, poetisch handeln zu wollen. die alogische geste selbst kann, derart ausgeführt, zu einem act von ausgezeichneter schönheit, ja zum gedicht erhoben werden. schönheit allerdings ist ein begriff, welcher sich hier in einem sehr geweiteten spielraum bewegen darf.
1. der poetische act ist jene dichtung, die jede wiedergabe aus zweiter hand ablehnt, das heißt, jede vermittlung durch sprache, musik oder schrift.
2. der poetische act ist dichtung um der reinen dichtung willen. er ist reine dichtung

und frei von aller ambition nach anerkennung, lob oder kritik.
3. ein poetischer act wird vielleicht nur durch zufall der öffentlichkeit überliefert werden. das jedoch ist in hundert fällen ein einziges mal. er darf aus rücksicht auf seine schönheit und lauterkeit erst gar nicht in der absicht geschehen, publik zu werden, denn er ist ein act des herzens und der heidnischen bescheidenheit.
4. der poetische act wird starkbewusst extemporiert und ist alles andere als eine bloße poetische situation, die keineswegs des dichters bedürfte. In eine solche könnte jeder trottel geraten, ohne es aber jemals gewahr zu werden.
5. der poetische act ist die pose in ihrer edelsten form, frei von jeder eitelkeit und voll heiterer demut.
6. zu den verehrungswürdigsten meistern des poetischen actes zählen wir in erster linie den satanistisch-elegischen c.d. nero und vor allem unseren herrn, den philosophisch-menschlichen don quijote.
7. der poetische act ist materiell vollkommen wertlos und birgt deshalb von vornherein nie den bazillus der prostitution. seine lautere vollbringung ist schlechthin edel.

8. der vollzogene poetische act, in unserer erinnerung aufgezeichnet, ist einer der wenigen reichtümer, die wir tatsächlich unentreissbar mit uns tragen können.

Nach den Sommerferien wird zur ersten poetischen Demonstration aufgerufen:

une soirée aux amants funèbres:
décor:
weisse astern oder chrysanthemen
schwarze kleidung (altfränkisch)
schleifen aus schwarzem flor
schleier
räucherwerk
lampions und schwarzsilberne candelaber
route der procession:
goethedenkmal – oper – kärntnerstrasse – stephansplatz – rotenthurmstrasse – stamboul – uraniabrücke – franzensbrücke – hauptallee – prater: illusionsbahn.
zeit der procession:
samstag, den 22.8.1953
20.^{00} Uhr.
die damen und herren der procession mögen in absolut schwarzer kleidung und wohl auch mit weissgeschminktem gesicht er-

scheinen. während der procession werden die weissen blumen einer subtilen morbidität vor sich getragen wie auch herbstlich und ultimat brennende lampions oder candelabres. die melancholie eines flötenspielers geleitet den mit feierlichkeit und tiefer stille schreitenden zug. seine musik ist von strenger klassik. der flötenspieler ist mit frischem efeu bekränzt und seine flöte selbst von dunklem flor umwunden. die perpetuelle verbrennung von specereien und solemnem räucherwerk soll die profunde anmut der ceremonie gebührend unterstreichen.

an den markantesten stellen der procession (c'est à dire: oper – stephansplatz – stamboul – uraniabrücke – franzensbrücke – hauptallee – illusionsbahn)
werden passagen aus den œuvres von ch. baudelaire, edgar a. poe, gérard du nerval, georg trakl und ramón gómez de la serna im original deklamiert.

Die Wiener Gruppe, Reinbek bei Hamburg, 1985

Da das miteinbezogene Praterfest nicht stattfindet, wird die Prozession nur bis zur Urania geführt und dann in den »Strohkoffer« umgeleitet. Vorne geht Ferry Radax mit einer

Grablaterne, die Mädels sind verschleiert, und wir tragen Grabkränze. Auf der Kärtnerstraße verursachen wir durch hunderte Schaulustige eine Verkehrsstörung, Ende der Veranstaltung. Im »Strohkoffer« führten wir bei dieser Gelegenheit gleich die Kerzenbeleuchtung für Lokale ein. Bei der ersten Manifestation setzten wir das Makabre dem Poetischen gleich. Es folgen einige »poetische acte« im Avantgarde-Katakomben-Theater, »franciscan catacombes club«, Wien 1., Ballgasse 10.

»IN MEMORIAM TO A CRUCIFIED GLOVE«
on Saturday the Ninth of January 1954; rum, beer, dancing in torchlight, new-orleans band; the vaults will be opened from 21^{00} hours to 5^{00} hours.

am 5. februar:
»das fest des hl. simeon, quasi una fatasmagoria«
Diese schwarze Messe kommt nicht recht in Gang. Die engagierte Jungfrau kommt nicht. Die tote Taube wurde von den Ratten gefressen. Der Satanspriester Otto Zykan liegt betrunken in seinem Kohlenkeller, bewußtlos. Ein übler Dilettant ersetzt ihn. Oswald Wiener führt Raimund Ferra in einem Schubkarren durch die unterirdischen Gänge und schüttet ihn in eine Grube, wo wir das Opfer mit Erde bedecken und mit Rum besprengen.

Am 20.02. folgt die »SOIREE MIT ILLUMINIERTEN VOGELKÄFIGEN«. Und ein absoluter Höhepunkt das »Pompös-macabre Fest zu Ehren der französischen Revolution«, wo in Jakobinerkleidung Henkersknechte mit einer auf der Bühne installierten Guillotine imaginäre Hinrichtungen vollzogen.
Die Jazzband »Jesus Christbaum« spielte dazu. Das war für mich nicht makaber, das ist poetisch, sehr romantisch, renaissancemäßig. Surrealismus, reiner Surrealismus.
Die Polizei hat den Club aufgelöst, der Keller wurde geräumt. Begründung: das Fehlen sanitärer Anlagen. Es gab keine Klos.
Am 13. Dezember schon präsentierte sich »exil«. vereinigung für progressive kunst und literatur, wien I., annagasse 3, in der neurenovierten »Adebar« mit einer Lesung aus »erweiterte poetik« von hans carl artmann. Bilder werden gezeigt von Fritz Hundertwasser, Maria Lassnig, Arnulf Rainer und anderen. Der Kreis wurde immer größer. Dichter, Komponisten, Maler, Architekten, Filmavantgardisten.

In der Wiener »Presse« erschien am 22.01.55 ein Artikel über das »exil«:
... Künstler mit Ambitionen und solche mit Namen – Besucher, die schockiert, und solche, die begeistert sind – ein gutes Geschäft für den Besitzer: das ist das »Exil«, das ist

Wiens Existentialistenlokal par excellence. Komprimiert auf einen Raum, zentralisiert in einem Klub, weil sie mehr nicht füllen könnten. Besucht von Leuten, die prominent sind, belagert von Journalisten, die nach Sensationen oder zumindest nach Außergewöhnlichem suchen: das ist ein Teil des Wiener Nachtlebens ...

Bald danach löste sich diese Vereinigung wieder auf. Der Besitzer der »Adebar« beschränkt die Privilegien der Mitglieder. Der Wirt hatte Publicity genug. Günstigere Künstlerkonsumation war nicht mehr möglich. Die »New Orleans Band« dort erklärte sich solidarisch, und wir verlassen alle mit klingendem Spiel das Lokal.

Das war der Start zu einer sehr produktiven Caféhauszeit. Oft habe ich um vier Uhr früh das tägliche Exercitium des Caféhaussitzens beendet und bin zu Fuß nach Breitensee, war am nächsten Abend aber wieder da, um das vorzutragen, was ich in der Zwischenzeit geschrieben hatte.

vers für den gestrigen traum:

silsam soliman
safferan!
salum bec und
safferan..
sonne mund und
augentram
mond und samen
safferan!
silsam ilsam
soliman..
soliman am
zungenzahn!!

(5. vij. 55)

gilead had ad ad

gilead had ad ad

»bedeutender schlachtruf«

Ein lilienweißer brief aus lincolnshire, Frankfurt a.M., 1969

Die Langeweile wird zum Spaß erklärt. Ein Kalauer ist ein Leckerbissen. Je schlimmer, desto besser. Wiener formulierte das COOLE MANIFEST – es ging leider verloren –, das wir alle unterschrieben. Hier wurde der Kalauer als Pikanterie betrachtet, denn es kommt ja nur auf die Betrachtungsweise an. Das Banale wird zum Eigentlichen erklärt, die Beliebigkeit von Wertmaßstäben wird erbarmungslos entlarvt. Wir schrieben Witze ohne Pointen. Wiener bediente sich des Formularstils, notierte Geschäftsschilder. Gerhard Rühm legte seinen Gedichten das Vokabular von Kreuzworträtseln zugrunde, signierte Partezettel, gebrauchte Löschpapiere. Der Schock wird als unmittelbarer Eindruck in die Kunst eingeführt. »Eindruckskunst« statt »Ausdruckskunst«.

Wir diskutierten die Chancen eines Staatsstreiches. Wir wollten die gesamte Presse, vor allem die Illustrierten, liquidieren, den Rundfunk bis zur völligen Umbesetzung und Programmneugestaltung schließen. Leuchtreklamen sollten nicht mehr der Werbung dienen, sondern rhythmische »Konstellationen« blinken, Kilometersteine semantische Signale tragen, die sich beim Vorbeifahren zu einem Textgebilde fügen, Düsenjäger werden »Wortgestaltungen« in den Himmel zeichnen. Die Verwirklichung vieler Ideen erschien uns oft als ihre Reproduktion langweilig und daher utopisch.

Wir kannten keine Rangordnung von »Wirklichkeiten«. Das ganze war so eine Gegenbewegung oder Gegenstück zur existentialistischen Kultur in Paris. Und nach Paris sind wir ja, Autostop, und ich hab mir deren Aktivitäten so betrachtet, na ja. Die Maler waren schon dort, Fuchs, Hundertwasser. Nicht die Happeningmeister Nitsch und Muehl, bei denen der Skandal ein wesentlicher Bestandteil dieser Aktionen war. Wo in erster Linie Blut geflossen ist, viel Blut. Damit habe ich weniger zu tun gehabt, mir war das zu wenig ästhetisch, wenn da das Blut durch die Gegend spritzt und Gedärme durch die Luft fliegen, zu wenig ästhetisch für meine Art Ästhetik. Auch mit dem Aktionskünstler Rudolf Schwarzkogler hatte ich weniger Kontakt. Den »Vincent van Gogh der Körperkunst« haben ihn Kunstkritiker genannt, und wir haben die Fama erfunden, daß er sich während einer Aktion selbst entleibt hat. Tatsächlich ist er an den Folgen eines Fenstersturzes gestorben, mit 29.

treuherzige kirchhoflieder

du übermeister necrophilus
du fleischfraß sarcophagus
du nimmersattes würmgehäus
o miserere nobis!
du kühler blasser matthäus
miserere miserere..
du stummer aschenrosenbaum
du leuchterloser abertraum

du genialer schneidabsherz
o miserere nobis!
du wegweiser jenseitswärts
miserere miserere..
du jammerweinberg ohne end
du hartknöcherns sacrament
du lorbeerblume bitterheit
o miserere nobis!
du unerwartetes totenkleid
miserere miserere..
du unbekannter numerus gar
in staub aus haut und haar
du sterbeengel!
schwing die latern..
et miserere nobis!

verbarium, Olten, 1966

Das gute Wiener Theater ist aus dem Studententheater rausgekommen. Die Besten kommen vom Studententheater. Ich bin mit dem Theater immer in Verbindung gewesen. Statistenausweis Nummer 166. Akademietheater. Das ehemalige Ronacher, und am Theater am Parkring war ich Dramaturg, Kartenverkäufer und Statist mit Sprache. Vom Theater hat man eine Ahnung gekriegt, und man hat davon irgendwie Zigaretten und die Straßenbahn bezahlt.
Das, was ich in der Literatur gemacht habe, hat der Qual-

tinger am Theater gemacht. Der war aber schon arriviert, und da war eine gewisse Distanz da, die sich langsam legte. Nicht beim Bronner und Torberg. Die sind mit Abstand immer hinten gesessen, das waren die feinen Pinkeln. Die haben uns verachtet. Der Sowinetz und der Qualtinger nicht. Aber natürlich war eine Rivalität da. Heute kann man nachlesen, daß der große Qualtinger großartige Dialektsachen gemacht hat. Er war damals nicht so einverstanden damit, auch wenn er sagte, »H.C., du bist der Luther der Wiener Sprache.« Und ich habe gesagt, es gibt kein Wienerisch, Wienerisch ist ein Mischmasch.
Ein ungeheurer Schauspieler war der Kobalek, aber völlig ungebändigt. Der ist einfach besoffen irgendwo herumgekugelt, wir haben gewartet und ihn oft bei der Polizei auslösen müssen, da war wieder was. Seine Mutter eine ganz feine, fesche jüdische Zahnärztin, der Vater Kohlenhändler. Wenn nicht irgendwas war, hat der Kobalek in der Kohlenhandlung Hof gehalten.
Wichtige Dinge sind da vorbereitet worden, mitten in dieser Kohlenhandlung im 9. Bezirk, bei Rum und Wein. Ein Regenschirmmacherlehrling aus Krems, der sich genialisch gebärdet hat, war auch dabei, Boddy Frühberger. Auf einmal schreit der Konrad Bayer, wir müssen ein Exempel statuieren. Frühberger, ich werde dein Leben vorbestimmen. Der genaue Lebenslauf wurde aufgeschrieben, Frühberger, paß

auf, du bist doch Maler, »ja, könnt i, ja, könnt i, ja, könnt i«, und der Bayer hat ihm vorgegeben, er soll das und das machen, und dann bringst du dich um. Der Frühberger hat das wirklich alles gemacht, nur umgebracht hat sich der Konrad Bayer. Nach dieser Geschichte hat der Wolfi Bauer »Change« geschrieben. Und der Frühberger ist tatsächlich Maler geworden. Er war einer der ersten, der in Simmering ganze Abbruchhäuser bemalt hat, Jahre bevor die Amerikaner daran gedacht haben, und kein Mensch weiß das. Vergessen.

Konrad Bayer hat seinen Bankjob längst hingeschmissen und als freier Schriftsteller gelebt von seinen Eltern. Wie ich von meiner Mutter und von der Statisterie beim Theater und beim Film. Bei den amerikanischen Fernsehfilmen in den stummen Rollen der Wien-Film oder mit so bedeutenden Sätzen wie »Ich brenne«. Man hat für jeden Satz fünf Schilling mehr bekommen. Bei der Orson-Welles-Geschichte »Der dritte Mann« war ich mit dem Satz dabei: »Was halten Sie von James Joyce?«

Filme haben mich angestachelt und gelockert. Ich hab' da einmal von der Monroe gesprochen, da war der Okopenko groß dagegen. Ich weiß nicht, wer das ist, das brauch' ich nicht. Der Okopenko galt als Superintellektueller und immer sehr verklemmt, dabei ein fanatischer Jungdichter. Der war fix und fertig in seiner Dichtung, wie wir alle nicht. Er hat Chemie gemacht und ist dann in die Wirtschaft und hat

seine Mutter erhalten. Okopenkos Vater war der erste Gesundheitsminister der kurzlebigen ukrainischen Republik und ist von den Russen verschleppt worden.
Der Kubelka gehörte damals auch dazu, er hat eine ungeheuer starke Rolle gespielt, rein filmisch. Der hat was absolut Weltmännisches. Schon in den fünfziger Jahren hat der Ideen eingebracht, die die heutigen Jungfilmer nicht einmal verstehen, geschweige denn mehr. Den Kubelka kennt in New York, in Amerika ein jeder. Und bei uns. Oder der Radax oder der Krenn. Und außerdem sagt der Kubelka immer, unser Essen geht vor die Hunde. Das ist genauso Kultur wie jede Lyrik oder Musik. Ein holländisches Bier oder ein belgisches. Da bin ich schon eher für das bayerische Reinheitsgebot. Oder Wein im Tetrapack. Ich bin drei Monate nicht mehr einkaufen gegangen, so geschockt war ich.

Am 20. Juni 1957 organisierten wir unsere erste Monsterlesung als »Gruppe«. Gerhard Bronner hat uns das »Intime Theater« zur Verfügung gestellt. Am Plakat stand:
Achleitner, Artmann, Bayer, Rühm, Wiener – ›dichtung‹.
Wir machten Einzel- und Simultanlesungen, Projektionen, dazwischen Theoretisches, bis ich Laut-Gedichte gelesen hab'. Im Zuschauerraum – das Programm lief stundenlang ohne Pause durch – gärte es, und es kam zu kleineren Schlägereien. g'clrrchl.

descarnatio talftlrock

uurw'pp
uurw'pp
uurw'pp chllf'sn
nnguc nnguc .....

chllf'sn chllf'sn
chllf'sn uurw'pp..

g'clrrchl

g'clrrch t hob'r
flib'rr ñ' ñ'
b'ngr' 's grau bredlw'ngk
'p neort scht'nl'ch
lrrchn'm aup ngc ngc
chlln'r chllt nt nt..

uurw'pp a 'rch 'rch
uurw'pp zrormbr'ch
ngc ngc..
rfrr f'n t' 'sl ngcram..
ngcram.. ngcram..

chllf'sn chllf'sn
chllf'sn carpstj'ch
gn ap u jau 'pneort

gllc'stl z'rmbrrch
ul uulw'rp 'rch 'rch –
lrrchn'm aup ngc ngc
chllb'r chllt nt nt ...

Die Wiener Gruppe, Reinbek bei Hamburg, 1985

In diese Zeit fällt auch das »flagello-mechanische manifest«. An öffentlichen Plätzen werden mit Bleikugelschnüren Texte aus einer Schreibmaschine gepeitscht, die einzelnen Blätter abgestempelt und an die Umstehenden verkauft. Den Journalisten werden in Puppengeschirr Kaffee und Kuchenbrösel gereicht. Lesungen in Straßenbahnwagen und im Riesenrad. Gedichte werden öffentlich plakatiert und ein »progressiver heuriger« wird veranstaltet. Rühm und ich, begleitet von Ernst Kölz, tragen Dialektgedichte vor.

a rosn
fümf rosn
dreizzen rosn
a lilibutanarin
fümf lilibutanarina
dreizzen lilibutanarina

a lilibutanarin und a rosn
fümf lilibutanarina und fümf rosn
dreizzen lilibutanarina und dreizzen rosn

a dode lilibutanarin
fümf dode lilibutanarina
dreizzen dode lilibutanarina

a dode rosn
fümf dode rosn
dreizzen dode rosn
a dode lilibutanarin
und a dode rosn
füm dode lilibutanarina
und fümf dode rosn
dreizzen dode lilibutanarina
und dreizzen dode rosn

rosn
zoen
lilibutanarina
und
da dod

Die Wiener Gruppe, Reinbek bei Hamburg, 1985

1957 begann eine Kette von Veranstaltungen und Lesungen auch außerhalb von Wien. Begleiterscheinungen, anonyme Drohungen und eindeutige Kritik. »Ent-Artmänner« in der Sezession, »Un-Artmann« undsoweiter. Oder: »Art und Mann, das ist sicher ein Pseudonym. Wie ist Ihr richtiger Name?« Artmann, der Provokateur. Provozieren wollte ich

nie. Wir wollten die Gesellschaft verändern. Aber man kann natürlich nichts bewirken. Man kann für die, die auch meiner Meinung sind, was schreiben und macht ihnen dadurch eine Freude. Verändern kann man gar nichts. Sonst hätte ich den Golfkrieg verhindert oder den Krieg in Jugoslawien oder irgend so was.
1958 tauchte im »Neuen Kurier« erstmals in einem Zeitungsartikel die Bezeichnung »Wiener Dichtergruppe« auf. Diese Bezeichnung hat sich dann verselbständigt, und die »Wiener Gruppe« und alles, was damit zusammenhängt, war bald legendär.
Heimito von Doderer wollte uns eine wöchentliche Literaturseite im »Wiener Kurier« zur Verfügung stellen. Der Chefredakteur bekam die Druckfahnen zu Gesicht und war entsetzt und zog sie zurück. Doderer legte daraufhin aus Protest die Redaktion der Literaturseite nieder. Der Chefredakteur war natürlich entsetzt, was ihm da »Böses« entgegenschlug. Als Gegenstück zum »charmanten« Wien. Böse sein war für uns Ehrensache. Kaiserwalzer und Schönbrunn was für die Touristen. Wir haßten unsere Stadt, wußten aber, daß es anderswo die Avantgarde noch schwerer hatte.
Biographen schreiben mit Vorliebe, daß ich von der »Wiener Gruppe« ausgeschlossen worden bin. Wie kann man von einer Gruppe ausgeschlossen werden, wenn man nie

eingeschlossen war. Dieses Gruppenbauen brauchen die Germanisten und die Journalisten. Das klingt halt sehr gut, wenn so hochkarätige Individualisten was gemeinsam gemacht haben, noch namenlos. Ich hatte auch intensive Kontakte zu Außenseitern und denen, die von vielen abgelehnt wurden. Friederike Mayröcker und Ernst Jandl zum Beispiel.

Der Konrad Bayer hat den Witz gemacht: »Ich bin wegen unsittlichen Lebenswandels aus der Gruppe ausgeschlossen worden, ich habe mich von Kurt Regschek porträtieren lassen.«

Bevor ich Wien als »Dialektdichter« verlassen habe, obwohl das nur einen geringen Bruchteil meiner Arbeit ausmachte, verglich Wieland Schmied meine Stellung in Wien unter den Poeten mit der Pounds in London bei Anbruch des Ersten Weltkrieges.

Im oktober 1959 war ich einige zeit in London. Erich Fried wohnte damals noch in seinem herrlichen haus in der Fleet Road und schrieb hinter der auslagenscheibe seines arbeitszimmers gedichte. Eben um diese zeit war er mit einem gedicht fertig geworden, das wohl noch kaum veröffentlicht ist, was mir aber leid tut, denn ich halte es für eines

seiner stärksten. Darin kommt ein mensch vor, der anfängt einen baum samt den dazugehörigen wurzeln zu hacken und wird damit nicht vor seinem tode fertig.
Vis à vis von Frieds villa ist eine mauer und hinter dieser mauer ein krankenhaus. Fährt nun eine ambulanz aus, so bimmelt eine schöne victorianische glocke ganz elegisch in den blauen herbst, aber daran gewöhnt man sich bald, und außerdem gibt es in der nähe die feinsten pubs und buchtrödler und ein griechisches café und die station Belsize Park, die jules-vernisch-tief in die eingeweide der erde dringt. Wir müssen einmal ins Jewish People's Theatre in die Commercial Road gehen, sagte Erich Fried.

The Best of H.C. Artmann,
Frankfurt a.M., 1975

Erich Fried bewohnte einen leerstehenden Friseursalon, sein Arbeitszimmer war hinter der Auslagenscheibe. Die Leute sind da rein: »Ich möchte mich rasieren lassen«, und er hat sie sofort in ein Gespräch verwickelt über Umweltprobleme und über Atomgegnerschaft, er hat alle total verwirrt. Ich habe eine Zeitlang bei ihm gewohnt. Jedesmal wenn ich mit einer Freundin aufgetaucht bin, sagte er: »Ja, ja, mach nur ein Puff aus meinem Haus.« Er war immer fröhlich und ein schneidiger Hund.

Einmal nimmt er mich in sein Lieblingslokal mit, ein indisches »Shalimar«, und der Canetti ist bei seinem Tisch gesessen und hat gelesen. Und der Fried ganz respektvoll: »Herr Canetti, was lesen Sie da?« und »Das ist der Artmann.«

»Ach so, ja, ich kenn' Sie, ich hab' das und das von Ihnen gelesen, »›die schwoazze dintn‹« und so, ich les' da so Massai-Mythen.

Viele Wiener Emigranten sind in London gesessen, auch in Schweden, wo ich gelebt habe. Wie ich eines Tages in Malmö, im Sommer war das, auf dem Klo sitze, da schiebt mir jemand ein Telegramm unten rein, und da steht: »h.c. der konrad hat selbstmord begangen«. Ich wisch' mir den Arsch damit aus und hab' mir gedacht, diese Scherze kenn' ich, solche Sachen hat er oft gemacht. Er hat ja auch Partezettel von sich machen lassen und verteilt. Na gut, was soll's. Mittag kommt wieder ein Telegramm von der Traudl Hutter, ich denk' mir, Scheiße, bin mit meinem letzten Geld runter zum Telefonhütt'l und hab' in Wien angerufen. »Was sagst, H.C., ein Wahnsinn«, dann hab' ich's gewußt, der Konrad Bayer nahm sich das Leben mit 32. Er war bei einer Party, und ziemlich bezecht, und hat seinen Selbstmord angekündigt. »Wenn ihr mir nachkommt, werdet ihr mich finden, gasdurchtränkt und tot natürlich.« Es war russisches Roulette,

und er hat geglaubt, es kommt ohnehin jemand und rettet ihn. Es kam aber niemand. Es war seine letzte Aktion. Ein Aktionskünstler durch und durch.
Dann stand überall, er hat sich umgebracht wegen einer Frau. Sie waren hinter ihm her, vor allem junge Mädchen. Die haben ihm den Namen »blauer Gott« gegeben. Ich dachte wegen der blauen Augen, aber er hatte keine blauen Augen, er hatte einen blauen Anzug an.
Sein Tod war eine b'soffene G'schicht, nein, eine Wiener G'schicht. Eine typische Wiener G'schicht. Viele hatten ein schlechtes Gewissen, daß sie ihn nicht gerettet haben, das war monatelang wie ein Knochen im Hals, das sitzt drinnen wie ein Krebsgeschwür, aber mit der Zeit lockert sich auch das, wie das halt so ist, wenn jemand stirbt. Das weiß doch ein jeder, wie das ist, wenn sich ein Freund umbringt.
Ich war auch nicht bei seinem Begräbnis. Ich geh' zu keinem Begräbnis. Dann müßte man ja dauernd zu Begräbnissen rennen, und außerdem, solang' ich bei keinem Begräbnis war, lebt der Mensch für mich.
Der Geld, das ich bekommen hab' für den ersten großen Preis, den österreichischen Staatspreis, dieses Geld wurde für den Konrad Bayer verwendet. Wir sind mit fünf Fiaker zum Zentralfriedhof raus, fesch beinand', mit aufgezwirbeltem Schnurrbart, britischem Hut, wie Jack the Ripper, und völlig besoffen haben wir ungeheure Reden gehalten.

Bei jedem Wirtshaus haben wir Station gemacht, bis zum Friedhof, und überall gab's ein Gulasch und ein Vierterl Wein, und dann haben wir alle Blumen aufgekauft. Tausende. Die haben nichts mehr gehabt. »Ja, wozu braucht's ihr denn so viele Blumen?« »Ja, für ein Grab, für einen Trottel, der sich umgebracht hat.« »Ach so.«

h.c. artmann
konrad bayer

montagen

nach dem vollständigen lehrbuche der böhmischen sprache des heinrich terebelsky 1853

čin sobě mužně,
chystá se k dešti!
(h.t.)

vollständiges lehrgedicht für deutsche:

das reh blutet
die sprossen der wagenräder sind
gebrochen
ich habe seinen handschuh verloren

die vögel fallen aus dem neste
trage dein lamm auf der schulter
die jungen tauben flogen auf das feld

nächte still und finster
in großen städten hohe häuser

die namen der tiere
die namen sächlicher personen

gib mir das feinste hemd
die zeit ändert alle dinge

im ganzen lande
im finsteren
in der nähe
in güte

jenseits der straße
jenseits des flusses
jenseits des grabes
ein wagen mit vier rädern
ein hund mit drei köpfen

ein gefäss mit zwei henkeln
ein mensch mit einem fusse
nach der elle verkauft

nächst gott
nächst dir
morgen um die zeit
als zeichen meiner liebe
über und über
solange die welt besteht

Die Wiener Gruppe,
Reinbek bei Hamburg, 1985

1954

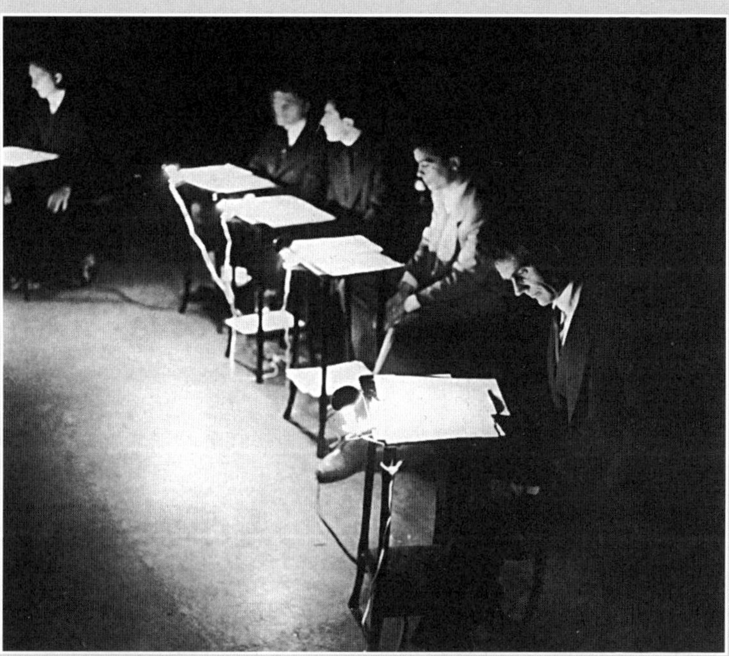

Lesung der Wiener Gruppe, 1954

1957 im Wiener Prater

Im Café Hawelka mit Konrad Bayer, 1958

Mit Wolfgang Bauer und Rainer Pichler in Wien, 1972

Im Café Hawelka, 1959

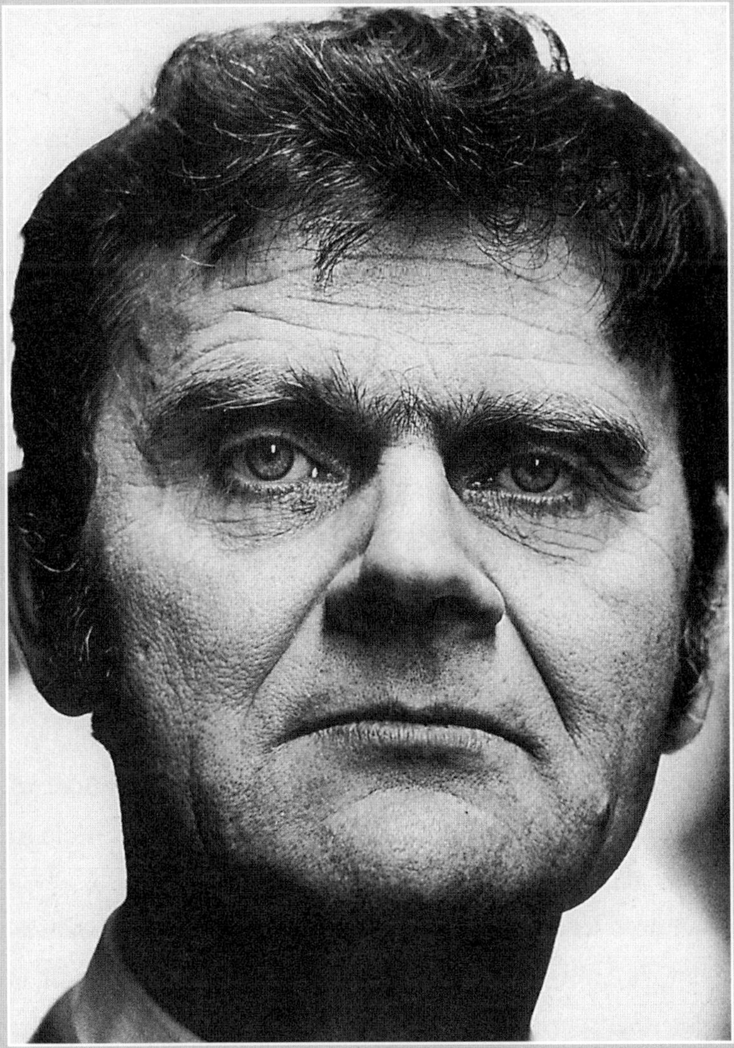

1967

i bin a ringlgschbüübsizza und hob scho sim weiwa daschlong

Die Wiener Dichtung ist immer auch melancholisch. Es gibt auch keine lustigen Liedtexte, »erst wenn's aus wird sein ...«, es ist immer traurig. Man schämt sich fast, wenn man lustig ist, dann ist man gleich lieber traurig. Das ist nicht meinetwegen so, sondern weil ich Wiener war und dieser Tradition irgendwie verhaftet bin.

Ich habe ja als kleines Kind immer schon die Zeitungen gelesen, und was in Wien passiert, ist schon sehr surreal. Bizarre Morde, Menschenfresser, Frauenzerstückler. Das ist doch nicht das Wien des Hans Moser. Obwohl, es wird immer alles lustig aufgefaßt, aber trotzdem ist es schaudernd. Diese Lustangst begleitet dich in Wien lebenslänglich, die ist immer da.

Nachdem ich lyrische Gedichte geschrieben habe, experimentelle Laut-Gedichte, hab' ich mir gedacht, du mußt in einer ungeschriebenen Sprache schreiben, das ist eben der ortsübliche Dialekt, in diesem Fall der damalige Wiener Dialekt, und in dieser Sprache habe ich dann begonnen zu experimentieren. Zuerst war die Phonetik anders, dann die

Orthographie. Ich mußte mir selbst eine Orthographie erstellen. Es hat über ein Jahr gedauert, bis ich auf diese Form gekommen bin.
Hanns Weissenborn, Herausgeber der Literaturzeitschrift »Alpha«, entschloß sich, eine Nummer unserer neuen Dialektdichtung zu widmen.
Weissenborn befürchtete, daß sich diese Ausgabe seiner ansonsten biederen Literaturzeitschrift überhaupt nicht verkaufen würde.
Was war: ausverkauft, innerhalb weniger Tage. Und der »Wiener Kurier« schrieb daraufhin für uns Überraschendes.

> »Wann i, verstehst, was z'reden hätt«, dann würde ich sagen, daß mir jetzt gerade ein paar Gedichte zugeflogen sind, die ich als einzigartig bezeichnen möchte (obses glaum oda ned). Es sind Verse im Dialekt.
> Bitte lassen Sie sich durch die eigentümliche Schreibweise nicht gleich abschrecken, sie ist die sogenannte »vonedische« und will den Wortlaut möglichst getreu nachbilden. Versuchen Sie einmal, zweimal diese Gedichte laut zu lesen, und Sie werden merken, wie über dem ungewohnten Buchstabenbild plötzlich Ihre Zunge zu »schmelzen« be-

ginnt, wie Ihnen plötzlich die Buchstaben auf der Zunge zergehen. Und beim drittenmal werden Sie dann entdecken, daß diese Gedichte wirkliche Dichtung sind, die von zwei genialen Pülchern stammt: von H.C. Artmann und Gerhard Rühm. (Obses glaum oda ned.)
Von früheren »Mundart«-Dichtungen unterscheiden sich diese Dialektgedichte nicht unerheblich. Sie sind nicht mehr Impression, nicht mehr abgebildetes Wortgeläute; sie sind schärfer, makabrer, abgründiger, sie sind Selbstironie an der Peripherie, eine geraunzte Variante des schwarzen Humors, von aktiver Resignation durchtränkt und in ihren besten Stücken von unglaublicher Ausdruckskraft ... Artmann und Rühm haben nicht nur den Dialekt für die moderne Dichtung entdeckt, viel mehr: sie haben Wien wieder entdeckt.

Alfred Schmeller im Wiener Kurier, 1956

Dialektdichtung hat es ja nur von diesen Heimatdichtern gegeben. Gedichte zum Lob der Stadt oder eines Domes, der lieben blauen Donau et cetera. Ich bin aber aus einer ganz anderen Ecke hergekommen, Jacques Prevert, Garcia

Lorca. Eine Ehe zwischen Surrealismus und Wiener Vorstadt. In dieser Weise bin ich da reingefahren wie der Garcia Lorca in Andalusien. Und mit der »schwoazzn dintn« sowieso. Es waren natürlich auch Tabuthemen, die ich da behandelt habe, aber es war und es ist so. Wir sind ja auch immer gewarnt worden vor den »kindafazaran« und denen, die schon »sim weiwa daschlong hom«.

blauboad I

i bin a ringlgschbüübsizza
und hob scho sim weiwa daschlong
und eanare gebeina
untan schlofzimabon fagrom..

heit lod i ma r ei di ochte
zu einen libesdraum –
daun schdöl i owa s oaschestrion ei
und bek s men hakal zaum!

so fafoa r e med ole maln
wäu ma d easchte en gschdis hod gem –
das s mii amoe darwischn wean
doss wiad kar mendsch darlem!

i bin a ringlgschbüübsizza
(und schlof en da nocht nua bein liacht
wäu i mi waun s so finzta is
fua de dodn weiwa fiacht..)

med ana schwoazzn dintn, Salzburg, 1958

Das fertige Manuskript hat die Rosemarie Isopp vom ORF im Caféhaus überflogen und mir sofort geschrieben, es gefällt mir und so. Das wurde gesendet, und die Maria von Schmedes hört das und schreibt mir, »du mußt das unbedingt drucken«. Ich habe sie nicht gekannt, nur so als Sängerin halt, und »mein Mann ist auch Schriftsteller, der wird sich dafür einsetzen«. Die hat den so insinuiert, der wollt' gar nicht recht. Ich wußte damals nicht, daß ihr Mann, der Hans Sedlmayr, der dann später als Halb-Nazi angegriffen wurde, »Verlust der Mitte« geschrieben hatte. Der Sedlmayr hat das dann doch irgendwie beim Otto Müller Verlag in Salzburg untergebracht und hat auch gleich das Vorwort geschrieben.
Der hat da so Sätze rausgelassen wie »Die Kunst liebt es, überraschend zu kommen, und sie sucht sich gern konträre Eltern.« oder »In Breitensee hat sich neulich die Wiener Vorstadt mit dem Surrealismus eingelassen und daraus ist – ein Dichter entstanden, ein wirklicher« oder »Die Dialekt-

gedichte sind in der Empfindung oft so einfach wie die ältesten Volkslieder, in der Form oft so kunstvoll wie der modernste vers libre, in der Entsprechung von Sinn und Klang oft vollkommen wie klassische, in der Fülle überraschendster kühner Bilder so reich wie barocke Dichtung« undsoweiter.
Schwierigkeiten gab es dann noch mit der Erntraud Müller von diesem Verlag in Salzburg. Ich mußte leicht erotisierte, leicht erotische Gedichte rausnehmen, dafür durfte ich aber die Mördergedichte reingeben. Die Alte war so keusch, also raus damit. So wie es immer ist, Blut ja, Sperma nein. »kindafazara und blauboad« aber, wo Leintuch vorgekommen ist, das ist obszön. Ich hab' gar nicht gewußt, was die meint. »I mechad met da kenegin fon kina irgendwie auf an leiduach reidn«, abändern wollt ich das nicht, also raus.

a keneg fon egibtn
reit auf an nüüpfead
a keneg fon kina
reit auf an drochn
a keneg fon sütboe
reit auf an binguin
und ole drei medranaund glaumd
se san aa scho wea!

i owa mechad
met da kenegin fon sütboe
und met da kenegin fon kina
und met da kenegin
fon unta r und owaegibtn
one tamtam
gaunz bescheidn
auf an anzechn leiduach reidn
auf an anzechn leiduach
en des wos ma sim schwäuwaln eanare
fotagrafin
en wiolet en rosa en grin
med greizzlschdich einegschdigt hedn

und waun da keneg fon egibtn
und da keneg fon kina
saumt n keneg fon sütboe
des sechad
daun dreffad s ole drei
da schlog
und ii
i dredad
de eabschoft au!

Die Wiener Gruppe, Reinbek bei Hamburg, 1985

Die »schwoazze dintn« hat natürlich Klein- und Bildungsbürger zutiefst verunsichert, weil plötzlich das gängige Bild von Literatur auf den Kopf gestellt wurde, und der immer so unwürdig und minderwertig geltende Dialekt poetische Energien freisetzte, die so ganz und gar nicht in diese so harmoniesüchtigen fünfziger Jahre paßten. Die meisten Leute aber waren begeistert und haben's gelesen und auswendig gelernt. Und Ausländer, die durch das deutsche Schriftbild nicht verwirrt waren, konnten das auch lesen, für mich war das eine große Genugtuung, daß das so ging mit dieser phonetisch so schwierigen Sprache. Das ist so stark ins Volk gegangen, volksliedmäßig schon. Leute, die keine andere Dichtung gelesen haben, nichts, Gedichte schon gar nicht, aber die »schwoazze dintn« haben sie gelesen, weil sie sie entziffern mußten. Die haben gesagt, das ist wie ein Kreuzworträtsel, das muß man auflösen. Normalerweise liest man ein Gedicht wie eine Zeitung, na sehr schön, hat das einen sinnigen Hintergrund und so.

Man hat Fan-Klubs gegründet, man hat mich zu Cognac und Whisky eingeladen, »Herr Artmann, wir haben uns Sie ganz anders vorgestellt«, na wie denn, »ja ja, so einer, der unter den Brücken haust – so ein Strotter auf wienerisch«. Sie haben sich in ihrer eigenen Sprache erkannt, was aber drinnen gestanden ist, das haben sie zum großen Teil nicht erkannt, vielleicht die Intellektuelleren, die haben sich aber wieder mokiert, daß ich in einer Sprache schreibe, die aus der Gosse kommt.

Das Buch ist dann ein Jahr auf Platz 2 der Bestseller-Liste gestanden, aber warum, weil da gerade »Doktor Schiwago« rausgekommen ist, und der war auf 1 die ganze Zeit. Dann wurde es als schönstes Buch prämiert, und mit dem Geld bin ich sofort nach Irland gefahren. Nach zwei Monaten war das Geld weg, ich war pleite und mußte zurück nach Wien, schrecklich. Dann war ich der Mundartdichter Artmann, obwohl ich Mundart nur zu 0,5 Prozent geschrieben habe. Es gibt heute noch welche, die schreiben Mundartdichter Artmann. Ich bin in Wien zwar zum großen Teil aufgewachsen, aber meine ganzen Sachen handeln nicht in Wien. Von wenigen Experimenten abgesehen. Villon ins Wienerische, ja, Experimente, ja.

vierzeiler:
ich bin franzose, das erfüllt mich mit
  bitterkeit,
bin zu paris geboren, davon habe ich einen
  dreck!
nun hänge ich in der luft am galgen
und merke im nacken, wie schwer ein arsch
  sein kann!

fiazäula:
i bin franzos, des ged me bita r au,
bin in baris gebuan, i hob an drek dafau!
jezt henk i in da luft aum goleng drau
und meak en gnak, wia schwaa r a oasch sei
kau!

Villon Baladn, Frankfurt a.M., 1968

Das Fernsehen wurde auf uns aufmerksam und wir bekamen den Auftrag, ein Fernsehstück im Ton unserer Dialektgedichte zu verfassen. Wir entschieden uns für das »Donauweibchen«, eine Altwiener Volkssage. Vom Stoff her sahen wir da unrealistische Szenen und verfremdete Dialoge. Peter Kubelka die Regie machen zu lassen, stieß auf Widerspruch. Das Manuskript blieb Jahre liegen, ich war nie recht zufrieden damit. Da wird so ein gereinigter Wiener Dialekt gesprochen, den es nicht gibt. Lehrlinge reden wie Schüler aus Hietzing. Aber es war natürlich der erste Dialektfilm im Fernsehen. Schwarz-weiß.

h.c. artmann
gerhard rühm

das donauweibchen

ein wiener fernsehdramolett

personen:
danubius, flussgott.
elfi, dessen tochter, das donauweibchen.
burli, ein jüngling.
charlie, ein zweiter jüngling.
»neger«, dessen freund.
utta, burlis braut.
ein älterer herr.
eine kellnerin
eine hausmeisterin.
ein mädchen.
tanzende.
erstes ertrunkenes mädchen.
zweites ertrunkenes mädchen.
ein ertrunkener donaudampfschiffahrtsgesellschaftskapitän.
bei der rettung lebensmüder ertrunkene sicherheitswachebeamte.

zeit:
heute.

ort:
ottakring, donaugrund, ottakring.

das innere eines auf espresso restaurierten kaffeehauses. marmortischchen, plüschüberzogene stühle und bänke. die theke mit viel neon und chrom.
die wurlitzerorgel spielt rock'n'roll. es wird getanzt. ein paar kristallisiert sich aus der menge. im gegensatz zu den andern tanzen die beiden sehr eng, nicht so sehr auf die musik konzentriert, verliebt. die musik tritt nun etwas in den hintergrund.

BURLI *(im flüsterton)*:
wos ta ma nochher, utta.

UTTA *(ebenfalls im flüsterton)*:
wann musstn aufstehn?

BURLI: wer redt denn von aufstehn?
muass ma ee in ganzn tog
stehn, steh i goa net drauf.
stehst du drauf?

UTTA: I net, aber mei mutter. die is
jedn tag schon um fümfe auf.

BURLI: die steht halt aufs aufstehn.

UTTA: stingerst du für mi auf?

BURLI: auf di steh i ja. warum sollt i net aufstehn für di?

UTTA: jedn tag um fümfe in der früh?

BURLI: jedn tog um fümfe in der frua.

UTTA: und am sonntag?

BURLI: am sonntag. I steh do auf di.

UTTA: und am samstag?

BURLI: am samstag aa. i steh do auf di.

UTTA: und am freitag?

BURLI: am freitag aa, i steh do auf di.

UTTA: und am donnerstag?

BURLI: am donnerstag aa. i steh do auf di.

UTTA: und am mittwoch?

STIMME EINES ÄLTEREN HERRN
(grantig): immer die negermusi!

UTTA: und am dienstag?

BURLI: am dienstag aa. i steh do auf di.

UTTA: und am montag?

BURLI: am montag aa. i steh do auf di.

UTTA *(etwas heiser)*:
und was tan ma nachher, burli?

BURLI *(etwas verloren)*:
olle tog, utta, olle tog.

UTTA *(anschmiegsam)*:
du bist soo liab ...

utta und burli lösen sich voneinander und verlassen das tanzparkett. musik wieder normal stark bis zum ende. alle paare gehen zu ihren tischen zurück. ruhe.

Die Wiener Gruppe, Reinbek bei Hamburg, 1985

Dieses Manuskript wurde noch vielfach verändert, Rühm lehnte das ab und stieg aus. Rühm ist der Konsequenteste von uns allen gewesen. Der Rühm hat dann seine Dialektsachen geschrieben, die mir besser gefallen, als die eigenen, und der Achleitner hat dann Innviertlerisch geschrieben, mir gefiel auch das, und hinterher sind dann die Mundart- und Dialektsänger gekommen. Ambros, Danzer, aber die schreiben ein sehr modernes wienerisch.

Als »Dialektdichter« in Wien zu leben wird mir von Tag zu Tag unerträglicher. Der Wiener Kulturbetrieb ist grauenhaft. Und die Wiener, die sind so offensichtlich lieb und falsch und grauslich. Die Sprache ist ordinär, bösartig und gemein wie die Wiener. Ja, als Theaterstück, phantastisch. Als Horváth, aber dort leben. Wer möchte schon in einem Horváth-Stück leben. Wenn ein Wiener in Ordnung ist, was sehr selten vorkommt, dann übertrifft er alle, dann ist er ganz groß.

In Prag, 1968

Mit Hubert Fichte, Wolfgang Köhler und Ramon aus St. Pauli, 1967

In Paimpont, Bretagne, 1969

: kuckuck! sucht's mich jetzt, ihr gefraßter!!

Ich muß immer was anderes, immer was neues schreiben. Das Schlimmste, was man mir sagen könnte, Sie haben Ihren Stil gefunden. Wie erbärmlich.

Ich könnte natürlich eine »schwoazze dintn« noch und nöcher schreiben oder der »Botanisiertrommel« hundert Gedichte hinzufügen, oder ich könnte von »reime verse formeln« jeden Tag das irgendwie so hinschreiben, aber das kann ich, und das ist auch irgendwie unfair. Natürlich machen das viele, aber ich will doch kein Waggerl werden. Das ganze Leben immer das gleiche schreiben, entsetzlich. Das Publikum ist sehr interessiert daran, daß sie schon etwas Bekanntes vorfinden. Deshalb werde ich nie eine so große Streuung haben. Mein Zielpublikum ist immer ein anderes. Ansonsten heißt es ja schon mit vierzig, er hat seine Form erreicht, und in dieser Form bleibt man dann die restlichen dreißig Jahre und wird immer berühmter und immer geldgieriger.

Ich mach' nur das, was ich machen will, und wir könnten ein eigenes Buch damit füllen, was ich schon alles abgelehnt habe.

Außerdem sind Dialektgedichte doch meistens lächerlich. Vom Dialektstück halte ich viel. Auf der Bühne ist wienerisch wunderbar, und die wenigsten machen's. Es gibt eben gewisse Sachen, die man nicht in die »Kanzelsprache« bringen kann. Das Böse, das Deftige, das Ordinäre, das geht nicht wirklich, aber das Wienerische hat sehr viele Ebenen, da hat man alle Möglichkeiten. Ich kann dazwischen zitativ Hochdeutsch reinbauen, oder Jiddisch, oder Böhmisch, ich kann bürgerlich reinbauen, ich kann aritsto reinbauen, da kann man alles machen.

die hochzeit caspars mit gelsomina

er sitzt auf der bank nieder und blickt trübsinnig vor sich hin:

caspar : o du meine güte! jetzten soll ich sie stanterpeder heiraten, vor den herrn pfarrer führen, ein eheleben leiten, junge halbkannibalerl in die schnöde welt setzen!! no, habe die ehre.. und am end, wann ich in diesem wehstand am schluß noch ein solides embonpointerl ansetzen soll, kriegt mein schwiegervater tatsächlich noch einen jähen gu-ster und laßt mich von der schwarzen köchin auf ein bein-fleisch nach hausmacherart ver-arbeiten..

er springt auf:

caspar : juhu, ich glaub die rettung liegt mir in der lauen luft!

er geht mit spaßhaften schritten, so als wollte er etwa einen vogel fangen, nach dem fotoapparat und hebt das fast bis zum boden langende tuch hoch:

caspar : heiliger kodakius, ich dank dir! ein fotografierapparat hat, wenn man's bedenkt, auch seine okkultierenden fähigkeiten..

aparte zum publikum

wißt ihr was? jawohl, genau das! ich werd mich in derer schwar-zen leinwand verstecken. das ist im moment noch das sicherste und außerdem ist's da drin so lustig, weil man alles verkehrt sieht, was in wirklichkeit am kopf steht..

er verbirgt sich hinter dem schwarzen tuch, man sieht indessen noch seine waden:

caspar : kuckuck! sucht's mich jetzt, ihr gefraßter!!

je von links und rechts treten sehr atemlos die beiden herren beiständ auf und treffen sich in der mitte, der eine hält einen eleganten spazierstock mit silberknauf und handschuhe, der andere einen bildschönen zylinderhut, welcher mit einer himmelblauen florschleife und mit zwei weißen täubchen geschmückt ist. die beiständ gehen in hausschuhen aus filz, sind aber sonst feierlich dunkel gekleidet. caspar merkt sie nicht:

rosmarin : püü!
güldenkraut : pff!

Sie wischen sich mit großen weißen Taschentüchern den Schweiß von der Stirne.

The Best of H.C. Artmann, Frankfurt a. M., 1975

Dann schreibt man was für die Bühne, und die Schauspieler erbrechen irgendwas. Der Sowinetz, der hat noch Wienerisch gesprochen, der Qualtinger hat nur eine Spielart gehabt, und der Merkatz ist ein fanatischer Hochdeutschsprecher.

Wenn ich Stücke schreibe, dann ist das nur eine andere Form, ein Gedicht zu schreiben. Die Stücke sind dann so statisch, ich bin wirklich kein Dramatiker. Ich bin auch nie zufrieden damit, und wenn's auch fünfhundert Seiten sind oder mehr, es sind Gedichte. Erweiterte Gedichte. Die Form wie ein Sonett. Das ist natürlich nicht so leicht aufführbar, wenn überhaupt. Im Grunde bin ich kein Theaterschriftsteller oder Theaterdichter. Ich bin kein schlechter Dramatiker, wenn ich was übersetze oder bei einer Nachdichtung. Ein richtiges, gut gearbeitetes, handwerklich festes Theaterstück – was mir ja vorschwebt – kann ich machen, wenn ich die Umrisse von einem vorhandenen vor mir hab', also wenn ich eine Übersetzung mach', oder eine Nachdichtung. Da ist dann ein Skelett, und das wird durch meine »Befleischung« neu. Es wird belebt durch mich. Das kann ich, das weiß ich.

Da sind dann die Dialoge, und dann übersetze ich nicht wortwörtlich wie ein Germanist oder Romanist – wissenschaftlich –, das ist doch nur fad, das kann man doch nicht spielen, sondern sinnbezogen. Die Stellung von Satz zu Satz bleibt, aber ich baue neue, die dichte ich. Das ist dann eine Adaption, aber es wird anders. Ich bringe Surrealismus rein, jüdische Witze oder jüdische Anekdoten, was ich ohnehin

für das beste halte, weil sie das Witzigste sind. Und da muß man aber darauf achten, daß nicht jede Minute ein Lacher erfolgt, daß nicht ein Lacher den nächsten abwürgt, und so bin ich ein sehr gefragter Übersetzer.
Dann steht da »Übersetzung aus dem Spanischen H.C.Artmann«, und in Wirklichkeit ist es von mir. Wenn man das Original liest und dann meine sogenannte Übersetzung, dann merkt man sofort, daß das ganz was anderes ist, und die Unbeleckten sagen dann, eigenartig übersetzt oder schlecht übersetzt, aber auch das ist mir egal. Ursprünglich hätte ich das alles ja nicht so durchgesetzt, auf meine Art, unter meinem Namen, weil ich zuwenig bekannt war, und heute, wo's möglich wär', interessiert es mich nicht mehr.
Die Idee ist ja nicht neu. Shakespeare hat das ja auch gemacht und die Spanier auch. Die Idee war da, und ich habe sie fortgeführt. Meine Vorgänger im 18. oder 19. Jahrhundert haben das schon bis zur Meisterschaft praktiziert, unter ihrem Namen.
Die erste Übersetzung machte ich aus dem Schwedischen. Carl von Linnés »Lappländische Reise«: ein Reisetagebuch. Dann habe ich viel aus dem Spanischen übersetzt. Und Dänisch. Feydeau aus dem Französischen.
Daß die Elfriede Jelinek zur gleichen Zeit auch Feydeau übersetzt hat, habe ich erst später erfahren, aber meine Version ist aufgeführt worden. Wahrscheinlich war sie lustiger.

Meine Übersetzungen sind ziemlich sorglos dahingeschrieben. Das freut die Schauspieler.
Ich habe jahrelang Boulevard-Komödien übersetzt. Ich bin Besitzer des Nestroy-Ringes, der ist so grausig schön.
Komödien. Tragödien würde ich nicht übersetzen, weil man sich da nicht durchblödeln kann. Ich lasse die Leute mit barockem Elan auftreten, mit barocken Flüchen. Die kann man gut erfinden. Hauptsache, sie klingen barock und sind komisch. Und ich verbessere immer die Frauenrollen. Das sind alles so arme Hascherln. Es hat etwas Doofnickelhaftes. »Ach Gott, ich Unglückselige!«
Sämtliche Klassiker haben den Frauen solche Rollen gegeben! Also habe ich die Frauenrollen ein bißchen hervorgehoben, und zwar so raffiniert, daß es niemand merkt. Daran liegt mir. Ich glaube, meine beste Übersetzung ist die von Quevedo.
Übrigens übersetze ich auch deshalb lieber Klassiker, weil ich dafür mehr Geld bekomme, es gibt keine Erben mehr, und ich bekomme hundert Prozent.
Ich habe etwas Interessantes gemacht, eine deutsch-österreichische Übersetzung, aber nicht im Dialekt, eine österreichische Fassung vom »Zerbrochenen Krug« von Kleist. Eine Auftragsarbeit für die Emmy Werner, Wiener Volkstheater. Dieses Stück ist schwer, aus 1780 oder so, und ich hab' es rübergebracht in ein Vormärzgewand. Es spielt im

südlichen Niederösterreich, in Pottendorf bei Baden. Utrecht ist Baden, der Kommissar kommt von Baden angereist und heißt Walter von Waltersdorf und nicht Herr Walter aus Utrecht. Der Kleist in dieser wunderschönen, edlen Sprache, und vollgepackt mit Schachtelsätzen. Also süddeutscher Satzbau. Der ist völlig anders wie im Hochdeutschen. Damals gespielt aus Anlaß »40 Jahre Theater in Wiener Außenbezirken«.

Und dann hab' ich Briefe bekommen: »Herr Artmann, wie meinen Sie das?« Die Leute verstehen noch immer nicht, daß ich doch oft mit den Mündern anderer spreche, ein jeder glaubt, wenn ich irgendwas schreibe oder sag', das muß dann ich sein.

Es heißt doch nicht, daß ich immer alles im vollen Bewußtsein so vom Herzen heraus sage, ich kann doch andere reden lassen. Genau wie in einem Theaterstück, wenn's gut ist, sind ja auch verschiedene Sichtweisen da.

attila ante portas

die uraufführung dieses stückes fand am 12. Mai 1959 im théâtre municipal de nancy mit nachfolgender besetzung statt:

attila	robert hossein
chaperon rouge	romy schneider
ein roß	fernandel

attila reitet durch den bois de vincennes und singt sich eines:

attila : etsch wischugar ass ajl
nekem darort
etsch rossatqü ass ajl
hajjort
dawaschü hort ass ajl
schabamba sart
tesch ted scha saat a
hänak känkä wort ...

ein mädchen namens chaperon rouge kommt schwitzend durch das untergehölz. es sucht frischen waldmeister (asperula) und sammelt ihn in ein körbchen. attila bemerkt die süße kleine dirne, steigt von seinem hunnenpferd und tritt unvermutet auf das mädchen zu:

attila	: jopnokak kütschük etejsch ...
chaperon rouge	: fichtre, le monsieur le loup!
attila	: sie kann mein hunnisch nicht verstehen. spricht das kleine fräulein allemande?
chaperon rouge	: ei freilich, herr ede wolf, es ist die sprache meines vaters.
attila	: ja da schau her.. ein tüchtiges braves volk die alemannen.. und wie heißt dein lieber vater?
chaperon rouge	: man nennt ihn chrotalrik den elektronischen.
attila	:by jingo, ein feines prädikat.. und was suchst du hier in diesem anmutigen untergehölze, kind?
chaperon rouge	:waldmeister für den ähni, denn er ist allezeit durstig und geht ihm nichts über eine ordentliche waldmeisterbowle, ma foy!
attila	: du bist ein liebes gutes mädchen, chaperon

	rouge, aber warum gehst du nit weiter in den bois? dort, wo die schattigen buchen und breitrandigen ulmen beginnen, wächst ein waldmeister (asperula), der an dichte und frische seinesgleichen nicht mehr hat.
chaperon rouge	: seid ihr denn dort gewesen, herr ede wolf?
attila	: ha, ich und nicht dortgewesen sein! soeben komme ich aus dieser grünen region. da sieh her, noch sind meine röhrenstiefel über und über von feinsten waldmeisterpartikelchen bedeckt. staubunculi asperulä!

er weist ihr seine schwarzen, ungewaschenen hunnenfüße:

chaperon rouge	: saperlotte! da muß ich aber flugs zu diesen schattigen buchen und breitrandigen ulmen hin.

attila	: das ist klug von dir, mein liebes kind, so gehört es sich, daß man seinen durstigen alten ähni recht verwöhnt, wie heißt er denn, der ähni?
chaperon rouge	: ach, der hat gar keinen besondren namen, er heißt bloß grand père.
attila	: nun, das ist doch ein feiner alter name..
chaperon rouge	: n'est-ce pas?
attila	: mhm. aber weißt du, meine zeit drängt, habe heute noch viel zu tun. such nur recht eine menge waldmeister zusammen, tritt keine ameisen tot und – alassatossolgajak chaperon rouge!
chaperon rouge	: au revoir, herr ede wolf..

chaperon rouge dringt durch attilas reden ermutigt in die tiefgrünen herzregionen des bois de vincennes vor, attila aber, der falsche hunnenchef, wirft sich auf sein wartendes roß und reitet in scharfem galopp in richtung marne. er singt sich abermals eins:

attila : cibabom cibabom ciba-bom..

seine stimme verliert sich allmählich im flimmernden blau der ferne:

vorhang

donald duck, primus v. quack und daniel düsentrieb springen enthusiasmiert auf ihre sitzplätze und beginnen heftig zu applaudieren, werden jedoch, als sie beherzt »It's been a hard day's night« anstimmen, von empörten ordnungshütern unsanft aus dem saal entfernt.

vorhang II

»wer dichten kann ist dichtermann«,
Stuttgart, 1986

oben: Mit Brigitta Lisholm-Artmann und H. Wochinz in Porcia, 1961
unten: In Mödling, 1958

Mit Rosa Artmann, 1979

Mit Inga Weber in der Himmelpfortgasse in Wien, 1967

Mit Barbara Wehr in Schwaz/Tirol, 1968

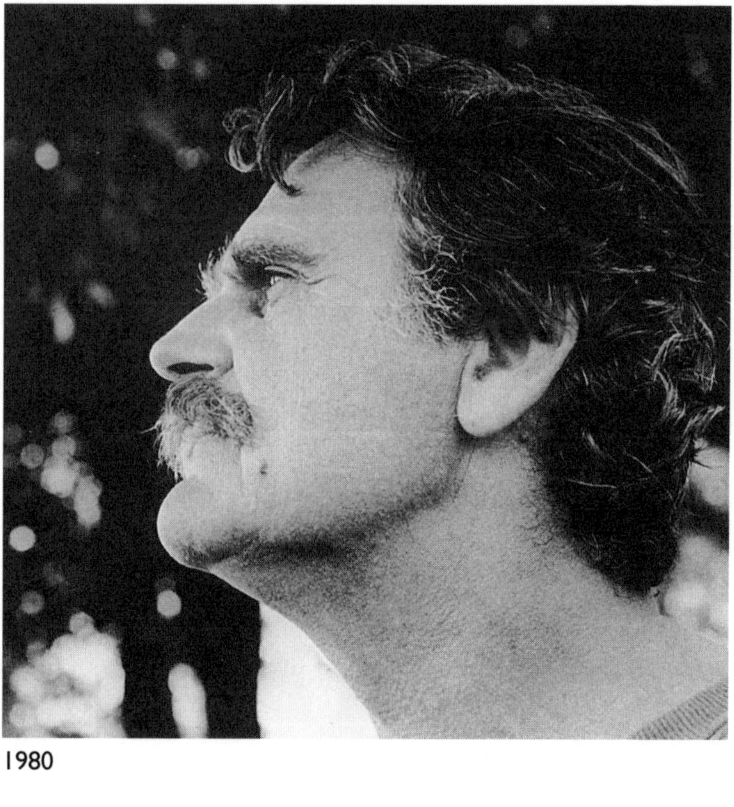

1980

Das heilige Experiment.

»liebe verehrte orchideengrüne primaballerina«

aus windsor am kamp massachusetts udssr-
recommandé
ich sende ihnen diesen liebesbrief
daß sie ihn in ihren lac de cygne einbauen können
als eine anmutig zischende schwalbe mehr
am perlgrauen septemberhimmel am ultimo-
baldachin
der neurenovierten staatsopernpassage allelujah
ich bin ein schamloser in wahrheit ein höllsakra
ein johann sebastian orth am örthersee auf roll-
schuhen
weil ich es wage diesen brief an ihren pas de
deux zu richten
aber ich befehle ihnen nichts ja ich bitte sie nur
meine ezzes hinzunehmen als das was sie sein
wollen
alles was sie lieben gnädiges frl! prost du! servus!
mein federgeschriebener schlankerl mein weißer
brief
mein außerordentlich orig. pa. petschaftbe-
rühmter

als nichts andres bitt ich sie ihn hinzunehmen
als
einen mann mit grundsätzen einen mg 59 einen
jaguar 60
eine elfenixbeinerne lokomotive 230 ph nach las
vegas toi toi toi
ein schlüsselfertiges badezimmer im berliner
hilton
ein ballet rose auf groschenstöckeln und eine
filmwohnung
in döbling im dehmelschokoladentortenstil von
dip. arch.
und stadtbaumeister woswasdardeiföwiara-
hastdeadschuschdea
und wenn das alles noch nicht genug sein soll
dann sei er noch
ein strahlendes leitstarlet über ihrem nächsten
auftritt
am 23. ds. um punkt 19 uhr 30 mitteleuropäi-
scher zeit spuck spuck spuck
und ein applaus mit 69 vorhängen und regnen-
den teerosen dazu
gott über den berg! was soll es nicht alles
und was wird es nicht alles sein mein briefchen
  mein crèmeweißes
  mein hübsches
  mein zartes
  mein du du

mein durch & durch veilchencrêpegefüttertes
luftpost par avion via aerea u.a.m.
auf der strecke zwischen aa und bee

Frauen sind für mich ... was soll ich sagen, ich brauche Frauen und Bäume. Vorgestern habe ich gesagt, ich brauch' nichts anderes als ganz schöne Bücher, schöne Auszeichnungen und – ja, schöne Weiber. Mehr brauch' i net. G'sund bin i eh.

Was meine Anziehungskraft betrifft, wie ich der schönste junge Bursch war, hat mich keine ang'schaut. Höchstens die »Schwuchteln«, die sind mir nach, aber die Mädchen, die hätten doch lieber einen Feinmechaniker mit Zukunft oder einen Tankstellenwart, einen klassen. Der Wolfi Hutter hat immer gejammert: »Mein Gott, so schöne Friseusen, wunderschöne Maniкösen gibt's, aber für die san mir alle verdächtig.« Du sitzt dann im Frisiersalon und läßt dich rasieren, fühlst ihre zarte Hand, ihre festen Oberschenkel und ihre herrlichen Brüste – in der Phantasie, und in Wirklichkeit haben's uns ausgelacht, »die Spinnerten san wieder da«. Und Jahre später erfährt man, daß was möglich gewesen wäre, und dann interessiert dich das nur mehr kaum, oder man macht trotzdem was. In den letzten Jahren ist mir das sehr oft passiert, irgendwie, daß so alte Geschichten wahr wurden.

der pausenruf der ovarien
erstreckt sich in zitternden
antennenalgen.
was gemordet wurde im datum
klinischer verabschiedungen
verklärt sich zur amsel.
die nachmalig aufgeschriebenen
zahlen sagen nichts und tragen
kein wesentliches bei.
stiel blatt stempel und
verschlossene knospe
hätten sich möglich zur rose
geformt.
das horn prognostischer gebirge
ist stärker.

verbarium, Olten, 1958

Das erste Mal mit einer Frau, das war nur enttäuschend. Wau, das wird's jetzt. Schmarrn. Ich weiß nicht mehr, wie es war, nur daß es war, und zutiefst unangenehm.
Ich bin ja ein Spätzünder. Das erste Verhältnis dann, sexuell, habe ich gehabt mit 26.
Dadurch, daß ich zuerst im Krieg war und im Widerstand

und so, da lernt ma' asexuell zu leben. Andere heiraten mit 19 und bleiben mit ihrer Alten zusammen, lebenslänglich. Grauenhaft.

Mein erstes Verhältnis war gleich ein folgenschweres. Ich lern' in Wien ein Mädchen kennen, mit 19, nicht die große Liebe, aber sie war halt eine faszinierende Frau. Und das Kind ist zur Welt gekommen, meine Mutter und ich haben den Buben aufgezogen, und die Kindesmutter verlor ich bald schon aus den Augen.

wie ein großer
mond aus messing
mit einem rand
von geschlagenem
gold
aber
einem herzen
aus messing.

wie ein großer
falscher mond
wenn der glatte
weiße tropfen
abfällt
vom wachsbaum

wie ein mond.

Zwei Jahre später die zweite Geschichte. Und ich hab' ihr gesagt, wenn sie unsere Tochter Patricia tauft, dann heirat' ich sie – vielleicht. Drei Tage und Nächte haben wir was gehabt miteinander. Durch meine Dolmetschertätigkeit vorher habe ich jahrelang so eine Arbeitslosenunterstützung bekommen. Die Arbeiten, die sie mir angeboten haben, habe ich immer geschickt und dankend abgelehnt, und 140 Schilling Arbeitslose kassiert. Das Geld hab' ich der zweiten Kindesmutter gegeben, einen Teil meiner Mutter und den Rest, so 40 Schilling, sind mir geblieben für Zigaretten und den Art Club.

Dann war ich fast sieben Jahre mit der Erni zusammen. Eine Kärtnerin aus Eisenkappel, da an der slowenischen Grenze. Sie war sehr g'scheit, g'scheiter wie wir alle im Art Club, und sie hat so wunderschöne Kleider selbst gemacht. Ein Bauernmädchen aus dem »Windischen«. Da hab' ich natürlich sofort »windisch« gelernt, slowenisch kann ich leider nicht, nur diese windische Form des Slowenischen, wie es halt ist, in diesem zweisprachigen Gebiet in Unterkärnten, – interessant, und es hat Substanz.

So um 1952 herum habe ich drei Monate in der Schweiz gelebt, mit einer Malerin, in Bern. Die Schweizer Frauen sind die klassesten Mädels, die's überhaupt gibt. So was freies, das waren die im Mittelalter schon. Ich habe noch nie eine frustrierte Schweizerin gesehen, in der Inside. Und wenn sie eine Atomphysikerin ist, die Sexualität wird ausgelebt, und herrlich kochen kann sie. Und das ist bei uns weg. Da hängen's verklemmt herum, und ich koch' mir selber was, weil die Mädchen bei uns praktisch eine Eierspeise machen können und die versalzen sie noch. Ich hab' mich nirgends wohler gefühlt als in der Schweiz. Ich kenne auch jeden wesentlichen Dichter dort. Gut, diese Urkantone mit der Frauenfrage, wählen ja oder nein. Die stehen sowieso so da und haben das Heft in der Hand. Und bei uns dürfens wählen gehen, und zu Hause kriegen's eine in die Gosch'n. Im Winter hab' ich dann die Schweizerinnen verlassen ...

abschied

längs den weiden
längs den weiden im schnee
enteilt dein flüchtiger fuß
mondenen zwielichtern.
wie dunkles silber eines fremden
landes singen die sterne
und fallen stumm.
durch kahlen winter irrt ein
schwarzes bächlein:
wer weiß wohin?

im schattigen schwindet dein schritt:
wer weiß wohin?
gleich brennenden rosen
verbleibt mir sehnsucht
im rauhreif ...

Gedichte über die Liebe und über die Lasterhaftigkeit,
Frankfurt a.M., 1975

Ich bin immer dort, wo die Frauen sind. So sitz' ich dann wieder in Wien, wie jeden Tag im Café Hawelka, mit der Ruth Brinkmann, und auf einmal kommt der Schaffranegg rein, mit einer Schwedin, sie muß wohl zwanzig gewesen sein, ich war begeistert, sie setzte sich zu mir und blieb. Sie hatte ein Stipendium für Kunstgeschichte und hat in Wien ihre Doktorarbeit geschrieben, über den Hofmaler der Maria Theresia. Und ich habe sie geliebt.

ich liebe dich, mein heller altar,
meine sommerfadenfarbene wildnis
ich bitte dich um einlaß ...
es sind zwei junge tiere aus der wärme
deiner beiden brüste entstiegen
und ich bin herbeigeeilt
um für sie in mir eine hütte aufzubauen;
fröhlich tritt ihr zartes atmen
durch das haupttor meiner lungen!

mein rettender delphin, mein gefundenes eiland,
alle meine küsse will ich eintauschen mit dir
gegen nichts als zwei rote beeren..

Gedichte über die Liebe und über die Lasterhaftigkeit,
Frankfurt a.M., 1975

Wir haben ein Dreivierteljahr in Wien zusammengelebt, und auf einmal beim Frühstück sagt sie, sie müßte wieder nach Stockholm rauf, und ich – nach Stockholm, warum nicht, warum nicht Stockholm. Kann ich Schwedisch lernen und Dänisch, die nordischen Sprachen halt. Sicher, ich hab's in Wien wirklich nicht mehr ausgehalten, der »Dialektdichter« auf der Flucht.

Stockholm, Malmö, noch ein Kind und warum nicht heiraten. Ich habe gekocht und in einer Buchhandlung gearbeitet. In einer Schlapfenfabrik hätte ich mehr verdient, das war aber der Familie nicht fein genug, und die Eltern sagten jeden Tag, wir erhalten dich, so sind die Schweden, die reden so.

In der Nacht, keine Zigaretten, nichts zu rauchen für mein Pfeiferl, da bin ich zu einer Autobushaltestelle, wo die Überlandbusse stehen, da haben's noch nicht zusammengekehrt, und ich hab' die Zigarettenstummeln rausg'holt aus dem Dreck und reing'stopft in's Pfeiferl und wieder weiter g'schrieb'n und ein Viertel Wein getrunken. Es war ziemlich entbehrungsreich, ich habe aber die Bibliotheken benützt und jeden Tag geschrieben.

»Ich widme dieses diarium höflichst
den schmetterlingen Saskatchewans,
den papageien der Tierra del fuego
und den colibris des Rauriser tals«

Meine heimat ist Österreich, mein vaterland Europa, mein wohnort Malmö, meine hautfarbe weiß, meine augen blau, mein mut verschieden, meine laune launisch, meine räusche richtig, meine ausdauer stark, meine anliegen sprunghaft, meine sehnsüchte wie die windrose, im handumdrehen zufrieden, im handumdrehen verdrossen, ein freund der fröhlichkeit, im grunde traurig, den mädchen gewogen, ein großer kinogeher, ein liebhaber des twist, ein übler schwimmer, an schießständen marksman, beim kartenspiel unachtsam, im schach eine null, kein schlechter kegler, ein meister im seeschlachtspiel, im kriege zerschossen, im frieden zerhaut, ein hasser der polizei, ein verächter der obrigkeit, ein brechmittel der linken, ein juckpulver der rechten, unbehaglich schwiegereltern, ein vater von kindern, ein Judas der mütter, treu wie

Pilatus, sanft wie Puccini, locker wie Doctor Ward, schüchtern am anfang, schneidig gen morgen, abends stets durstig, in konzerten gelangweilt, glücklich beim schneider, getauft zu St. Lorenz, geschieden in Klagenfurt, in Polen poetisch, in Paris ein atmer, in Berlin schwebend, in Rom eher scheu, in London ein vogel, in Bremen ein regentropfen, in Venedig ein ankommender brief, in Zaragoza eine wartende zündschnur, in Wien ein teller mit sprüngen, geboren in der luft, die zähne durch warten erlernt, das haar nach vorne gekämmt, die bärte wie schlipse probiert, mit frauen im stehen gelebt, aus bäumen alphabete gepreßt, karussells in wäldern beobachtet, mit lissabonnerinnen über stiegen gekrochen, auf tourrainerinnen den morgen erwartet, mit glasgowerinnen explodiert und durchs dach geflogen, catanesinnen verraten, kairenserinnen bestürzt, bernerinnen vergöttert, an pragerinnen herangeraten, grüßgott gesagt, feigen gestohlen, revolver entdeckt, aus booten gestiegen, papierdrachen verwünscht, masken verfertigt, katakomben gemietet, feste erfunden, wohnungen verloren, blumen geliebt, schallplatten verwüstet, 150 gefahren, unrat gewittert, lampione bewundert, monde verglichen, nasen gebrochen, parapluies stehen-

> gelassen, malaiisch betrieben, positionen ersonnen, bonbons zertreten, musikautomaten gerüttelt, dankbar gewesen, heidenangst verspürt, wie der hirsch gelaufen, die lunge im maul gehabt, unter rosen geweilt, spielzeug gebastelt, rockärmel verpfuscht, Mickey Spillane gelesen, Goethe verworfen, gedichte geschrieben, scheiße gesagt, theater gespielt, nach kotze gerochen, eine flasche Grappa zerbrochen, mi vida geflüstert, grimassen geschnitten, ciao gestammelt, fortgegangen, a gesagt, b gemacht, c gedacht, d geworden.
> Alles, was man sich vornimmt, wird anders, als man sichs erhofft ...
>
> *The Best of H.C. Artmann,*
> *Frankfurt a. M., 1975*

Ich habe in Schweden das Schweden Bellmanns erwartet, und was war, es war das Schweden Bergmanns. Wie meine schwedische Frau zum ersten Mal einen Bergmann-Film gesehen hat, da hat sie drei Wochen g'sponnen. Das hat nicht aufgehört. So sind wir eben. Sie machen genau das nach, was ihnen der Bergmann vortrottelt oder umgekehrt. In Schweden gibt es keine Dichter mehr, keine Musik mehr, dort gibt es nur Zigarettenverbot. In Schweden gibt es keine Kommunikation unter den Leuten. Ein herrliches Land, eine wunderschöne Sprache, aber die Leute sind maulfaul. Ganz liebe Kinder, aber es werden lauter Schweden d'raus. Dann haben meine Schwiegereltern gesagt, na ja, in Deutschland war Krieg und Österreich mitten drin', und der Bub wird in der Schule gehänselt, weil er Österreicher ist, dann hab' ich gesagt, dann laßt's ihn halt einen Schweden werden, das haben sie jetzt davon. Er kann kein Wort Deutsch.

Wenn ein Bauernvolk vom 16. Jahrhundert in's 21. springt, das gibt Gehirnschäden. Das ganz gewöhnliche Volk ist noch irgendwie in Ordnung, aber die Intellektuellen, die sind nur blöd und fad. Unter Handwerkerstöchtern ist es wahrscheinlich lustiger, sicher sogar.

Da bin ich lieber in Südspanien, da kann ich an Schmäh führen, von Irland gar nicht zu reden, oder Frankreich, Ungarn, Belgien, überall, aber in Schweden, da legst dich hin und aus ist's. Und nachher woscht sie sich no. Dieser Geilistenschmäh, dieser mediterrane, die blonden Frauen, in Wirklichkeit gibt es gar keine blonden Frauen. Blond, weiß, schwarz, was soll das überhaupt?

Ich hab' dann g'sagt, ich geh' jetzt nach Berlin. Wo denn sonst hin, nach Wien vielleicht. Berlin, wo man richtig essen kann. Dieses schwedische Fressen hat mich fertig gemacht, kein Bier, nichts. Jeden Samstag bin ich nach Dänemark rüber, um Brot zu kaufen. Ich liebe Dänemark, und ich war auf der anderen Seite in Malmö.

16. November.

Ich kann dänische nachrichten nimmer ausstehen. Ich schalte auf Prag um, anständiges böhmisch und so ... das böhmische geht mir auch auf die nerven. Ich drehe auf Monte Carlo ... Richard Anthony ist ein idiot. Ich schalte auf Hilversum ... die holländischen st. paulischnulzen sind noch gemütvoller als die deutschen. Ich drehe auf Wien ... mir vergeht das heimweh vollends. Ich erwische den Deutschlandsender und stürze kopfheister in eine protestkundgebung gegen die verhaftung deutschdemokratischrepublikanischer zeitungsleute irgendwo im Rheinland. London ... ich höre ein unterhausmitglied über sexprobleme schwafeln ... Ich greife endlich nach meinem schäferischen spazierstock und prügle das dumme radio windelweich!
Man müßte alle schlagertextdichter und dichterinnen mit mittleren brunnröhren schänden ...
Ich möchte auf der stelle zu den indiens Delawares, howgh, zu den indiens Caddos, howgh, zu den indiens Osage, howgh! Auf der stelle, sage ich!

The Best of H.C. Artmann, Frankfurt a.M., 1975

Meine Frau hat so reagiert, wie ich es erwartet habe. Ich sag': »Ich geh' nach Berlin«, sie: »Ja, is' gut«, Schweden sagen einfach ja. Für mich hat es als Dichter in Schweden keine Existenzmöglichkeit gegeben. Ich hab' aber dieses Schweden trotzdem gebraucht, weil ich ein barocker, sehr ausschweifender Mensch bin in der Literatur, dort oben hab' ich mich dann irgendwie im besten Sinn abgekühlt und bin dadurch klarer und schärfer geworden. Schweden war eine Reinigung.

Ich bin zwei Tage in Berlin, und schon hatte ich das »Forst-Stipendium« von 1.000 DM im Monat und ein »freies« Zimmer in einem guten Hotel. Der Konrad Bayer war sofort da, der Rühm, der Bisinger, ich hab' sie alle nach Berlin geschleppt. Meine Frau von Schweden runterzuholen, gelang mir aber nicht. Die Eltern waren dagegen, das kennt man ja, dann haben sie mir die Scheidung geschickt, und ich hab' o.k. gesagt.

Berlin, das ist die schönste Zeit für mich gewesen, die ich mir vorstellen kann. Schweinernes und Lesungen, Blutwürst und Happenings, tausend Freunde rundherum und geschrieben wurde in Berlin auch sehr viel.

berlin:

keineswegs ornithologe sein
sie verstehen was ich meine
eine schüttere florfahne halt
kreist über dem kurfürstendamm
ein schwarm herbstlicher vögel
ich habe mir wie das so kommt
eben ein kenzo-sakko gekauft
ich sehe ein dunkles und freue
mich nicht auf den winter

berlin 31:

pappeltürme
und abendröten
am himmel spreewärts
auge ohne hornheimat
eingedunkelt
hält licht besser
bis spandau
bis später

Gedichte über die Liebe und über die Lasterhaftigkeit,
Frankfurt a.M., 1975

Bis später, Berlin. Obwohl, die Tage, als ich dem Günter Grass beim Tanzen die Mädchen ausspannte, die sind wohl für immer vorbei. Die Legende sagt, daß ich damals einer Schönen einen Fünfzeiler auf einer Serviette hinterließ.

wenn ich,
ein mann ohne stern,
mit meinen puppen erfriere,
wer schmeißt mir
eine rose zu?

Gedichte über die Liebe und über die Lasterhaftigkeit,
Frankfurt a.M., 1975

Ich schreib' nie aus einer Situation heraus, das wär mir zu wehleidig, in Wien hab' ich das geschrieben, in Wien – und in Berlin war der Günter Grass hinter jeder Frau her, so auch bei einer Grazerin, die Nichte vom Bischof Weber, ein wahnsinnig hübsches Mädchen, die ist dann, bevor er sie vögeln konnte, in die Steiermark geflohen, und ich fuhr dann mit meiner Aufführung »Dracula Dracula – Ein transsylvanisches Abenteuer« nach Wien und danach nach Graz. Sie kam mit mir zurück nach Berlin und pendelte zwischen Los Angeles und Kabul hin und her, meistens. Sie hat Drogen genommen, geschmuggelt, gedealt und ist in Santa Monica elendiglich zugrunde gegangen. Gestorben, mit 39.

das ist alles sehr traurig wie schon ein gemäßigter surrealismus in den dreißigerjahren sagte aber vielleicht flicht mir die barbara dereinst ein kränzlein aus irischen sommerblumen als alte dame in connemara blume zu blume und asche zu asche und wort zu wort damit die literatur nicht ausstirbt und die dichtung eine bleibende stammloge im welttheater beibehält und durch den operngucker alles so genau betrachten kann was da auf der bühne und dahinter vorsichgeht ja besonders dahinter aufs dahinten kommt es an ein schöner popo stört keineswegs ein interessantes gesicht ganz im gegenteil meine freunde und gönner ganz im gegenteil

Nachrichten aus Nord und Süd, Salzburg, 1978

Ich bin zum dritten Mal verheiratet und habe fünf Kinder mit fünf verschiedenen Frauen. Ich bin ja kein Brutalist, daß ich einer zwei anhänge. Drei Kinder sind mir »passiert«, das klingt irgendwie zynisch, aber da hat man mir eine Falle gestellt, und zwei sind mir nicht »passiert«, die wollt ich. Den schwedischen Sohn und die Emily. Zweite Ehe und dritte Ehe.

Und was das Heiraten betrifft, die erste Ehe eines Kindes wegen, na ja. Da sitzt man irgendwo angenehm zusammen, trinkt was, und sagt dann halt ja auf diese Frage.
Dann findet man sich in der französischen Schweiz auf der eigenen Hochzeit wieder, und peinlich war's ihnen. Ich hab' beim Essen nur jüdische Witze erzählt. Dann bin ich auf und davon, nach Zürich, zu dem lieben Dramatiker, der »Das heilige Experiment« geschrieben hat, Tapezierer war er früher, und der hat auch an diesem Tag geheiratet, wie ich. Meine Frau hat mich gesucht und gefunden und war schwanger, und die wollt' unbedingt, daß ich alles aufgib und einen schönen Posten such' und so, entsetzlich. Ich hab' gesagt, macht's, was wollt's, ich bin mit meinen Gedichten verheiratet, und bin mit den Worten weggegangen »ich komm' bald wieder«. Nach fünfzehn Jahren seh' ich sie wieder, zufällig. Im Scheidungsurteil steht, daß ich mich so brutal verhalten habe. »Er sagt, er ist mit seinen Gedichten verheiratet, was den Fall noch viel schlimmer macht.«
Das war meine erste Ehe mit der Malerin Marianne Schmucker. Die Tochter, die korrespondiert und kommt her, die mag ich. Die kommt auch mit meiner jetzigen Frau, der Rosa, gut aus. Mit der Rosa Artmann bin ich jetzt schon zig Jahre zusammen. Ich bin im Grunde genommen ein treuer Mensch. Wenn ich mit einer zusammen bin, dann bin ich stark zusammen mit ihr. Das dauert immer länger. Ich

muß mich doch erst an jemanden gewöhnen, daß man weiß, was ist, und daß jeder davon was hat. Nur so einmal d'rüber, das ist nichts, na. Geht auch, aber das ist nicht, was ich will. Da bin ich jetzt noch zu schüchtern. Abgelehnt zu werden, das würd' mich zermalmen.

Es ergibt sich irgendwie eine Gegenseitigkeit, und dann fahr' ich sowieso in die weite Welt mit einer jeden und das klebt dann so zusammen ...

Jetzt läutet schon wieder das Telefon ...

> wenn du wüßtest wie egal das meiner frau ist wenn ich wieder mit einer anderen in die heia geh sie bescheißt mich wahrscheinlich auch nach strich und faden der alte hält natürlich seine vier töchter für engel wenn der wüßte meine schwägerin anna hält es momentan mit einem verheirateten herzspezialisten aus nürnberg die elisabeth die jüngste macht ganz groß auf lesbisch meinetwegen mir solls recht sein wenn die jeanette am mittwoch aus london kommt werden wir ja sehen was sie machen läßt gegen die ist dir die emanuelle ein brotloses rotkäppchen die bringt dich auf trab sie ist mit einem schwulen columnisten verheiratet mit dem teilt sie sich die buberln das nennt man also gütergemeinschaft na ja die welt steht nimmer lang

toll trieben es die alten böhmen was heißt
trieben es die treibens noch immer da
brauchst du keinen zwicker genosse sodom
und gonorrhöa hört ihr das gebimmel der
glockenblumen und die jauchzende hummel
der frühling fährt der menschheit durch alle
glieder

Nachrichten aus Nord und Süd,
Salzburg, 1978

Das soll von mir sein, wo steht das? Das ist meine Ausrede halt. Man darf aber nicht glauben, daß das alles tatsächlich meine Meinung ist, auch wenn Kritiker schreiben, ah, autobiographisch. Die haben ja keine Ahnung. Es wird ja alles, was rundherum ist, reingebaut. Ich wollte was aufarbeiten, ich kann es nicht anders als in dieser Weise halt. Ich verkleide, ich setze in Maske, auch im täglichen Leben, sonst würde ich ja das alles nicht aushalten, es wär' mir zu fad, viel zu fad.

Es gibt natürlich Kollegen und Freunde, die mich fragen, wie kann man nur mit so vielen Frauen Bücher schreiben. Oder, wie der Thomas Bernhard in seinem Buch gesagt hat: »Mit einer Frau kann man keine Bücher schreiben, wenn, dann nur dumme.« Ich bin halt ein Squaw-Man, ein Ladys-Man. Ich brauche die Frauen, ich weiß nicht, was er dazu gebraucht hat, vielleicht brauchte er was anderes und konnte so Bücher schreiben.

ich habe vieles durchgemacht und daraus gelernt ich vermittle erfahrungen ich bin ein ehrlicher mund ich schäme mich dafür ich bin zum dritten mal verheiratet und habe eine geliebte ich bin zum zweitenmal geschieden was meinen sie wie oft mir schon das herz gebrochen ist die erste war malerin die zweite kunsthistorikerin die dritte studiert momentan jus und überdies die 1000 liaisonen die ich in meinem reichen leben eingegangen bin schauspielerinnen sängerinnen studentinnen hausfrauen verlegersgattinnen mann das zehrt an den nervensträngen lassen sie sich von keiner etwas vormachen einmal ist schön aber nur kein verhältnis binden sie sich an einen einzigen finger und sie werden sehen am nächsten morgen erwachen sie mit einer amputierten hand nicht daß ich von all diesen weibern enttäuscht gewesen wäre nur es hätte halt immer beim netten abenteuer bleiben sollen souvenir souvenir sie brauchen ja gar nicht die mühe des jägers auf die schultern zu nehmen spielen sie frech den edlen hirschen man schießt sie bei jeder dichterlesung oder vernissage ab

Nachrichten aus Nord und Süd,
Salzburg, 1978

Die Rosa Artmann, meine jetzige Frau, habe ich auch in Berlin kennengelernt. Ich seh' sie und sag »hallo«, ich kannte sie flüchtig aus Graz, sie sagt auch »hallo«, und warum – ich war wieder geschieden – warum soll man nicht heiraten.
Und wir wollten ein Kind. Wenn man mit einer Frau ein Kind hat, ist man verwandt mit ihr, und nur dann ist man verwandt mit ihr, blutsverwandt. Sonst ist ja kein Bindeglied dazwischen. Ich darf ihr das nicht sagen, aber sie nimmt einen starken Stellenwert ein. Ich hatte immer Angst um Emily Griseldis. Wie meine Mutter immer Angst um mich gehabt hat. Das ist für's Kind gar nicht so lustig.
Du mußt mich nicht daran erinnern, daß ich vor vielen Jahren gesagt habe, »wenn der Kleinen was passiert, bringe ich mich um«. Darüber möchte ich nicht mehr reden, weil das ist immer noch so. Ich bin sehr abergläubisch, und ich kann nicht mehr dazu sagen. Daß sie mich in der Schule durchnehmen mußte, das taugt ihr nicht, aber sie hat sich daran gewöhnt. Sie ist halt verlegen und schüchtern, so wie ich. Zu Hause ist das alles kein Problem, bei uns geht's ja nicht prominent zu, und je öfter gesagt oder geschrieben wird, daß ich ein Genie bin, um so wahrer wird es auch nicht. Im Zusammenhang mit der Emily Griseldis bin ich der H.C. und aus. Sie geht schon auf die 30 zu und geht in München auf die Filmakademie, wie schnell das geht, das macht mich traurig. Mein Alter macht mir nichts, aber

ich habe Angst, daß sie weiter weg geht. Seit vielen Jahren sitzen wir zusammen, für mich ist das alles. Aber was soll das.

meine tochter griseldis bedeckt teure ledersitzgruppen mit krausen kugelschreiberzeichen unauslöschlich aber rührend das verschneite moor ist längst schon wieder grün der langgestreckte graben hinterm haus ist voll transparentem schmelzwasser ein besoffener könnte ohne weiteres darin ertrinken ein hund auch aber man weiß ja besoffene haben glück und hunde schwimmen wie fische aber je tiefer der mensch sinkt desto mehr verspürt er die bereitschaft in stunden der muße sein los zu bedauern als ob ihm das hülfe

Nachrichten aus Nord und Süd, Salzburg, 1978

Salzburg, 1980

Mit Tochter Emily Griseldis, 1977

oben: Mit Rosa und Emily, 1986
unten: Mit Emily, Salzburg-Moos, 1987

Im Waldviertel, 1984

bei de japana drongs papiarene schtifö, des hast daun: HAIKU

Im Grunde meines Herzens bin ich ein Pazifist und will meine Ruhe haben. Nur, der Pazifismus hat natürlich seine Grenzen. Pazifisten können auch die Untergräber der Freiheit sein. In dem Moment, wo ein Volk rein pazifistisch ist, wird es von den Tyrannen niedergemacht. In diesem Fall bin ich ein militanter Mensch. Ich bin nicht aggressiv, aber wenn ich angegriffen werde, schlage ich zurück, ganz klar, da bin ich engagiert.

In Londonderry bin ich von der Polizei angegriffen worden, im Handgemenge traf mich ein Molotow-Cocktail im Gesicht, und meine Freunde haben sie eingesperrt. Da muß man engagiert sein. Wenn man seit 700 Jahren in Irland Terror ausübt auf das Volk, und die wehren sich seit 700 Jahren verzweifelt dagegen, wenn nicht einmal der Status des politischen Gefangenen anerkannt wird, das ist schon ein starkes Stück, dann muß man sich so verhalten. Und unsere Zeitungen schreiben dann, die IRA-Leute und die Basken von der ETA sind Terroristen. Dann war der Andreas Hofer auch ein Terrorist. Was bitte ist Terrorismus?

Es ist natürlich verabscheuungswürdig, wenn man in Kinos Bomben wirft, aber bei manchen Aktionen werden schon die richtigen getroffen, obwohl ich niemanden töten will. Ich würde es nicht tun. Wenn man aber durch West-Wien, durch die schönste Gegend, in der ich aufgewachsen bin, eine Schnellstraße baut und dann noch als großer Macher auftritt und sich feiern läßt, und dann abgeknallt wird, dann ist man selber schuld, da werde ich keine nationale Trauerflagge auf mein Haus aufstecken, wenn's kracht.
Ich war genauso gegen das Atomkraftwerk Zwentendorf wie gegen die Zerstörung der Hainburger Au, diese erfolgreichen Aktionen, da geh' ich bis zum Letzten, ganz klar.
Ein Beispiel, ein harmloses. Sie wollten uns damals die alten Bäume abholzen vor'm Haus in Salzburg, das geht vom Flughafen aus, die stören das Radar. Ich habe mich mit meiner Tochter darunter gestellt und geschrien: »Schneidet sie runter«, kopfschüttelnd sind die mit den Motorsägen abgezogen, dann war irgendwie eine Ruh'.
Ein Staat, der verunsichert ist, muß sich etwas bemühen, und unser Staat war sich seiner so sicher wie auf der Insel der Seligen. Unsere Politiker, die alle dem Haider zutreiben. Die sind so etwas von »geschissen«, die beiden Hauptparteien SPÖ und ÖVP, und daß sich die ÖVP mit dem Haider ins Bett legt, was soll man da noch sagen. Da schnürt's einem den Hals zu, aber die Rechnung wird nicht aufgehen.

Ich bin natürlich bei keiner Partei. Meine Partei bin ich selbst. Ich hatte aber nichts dagegen, für die Volkspartei oder die Sozialdemokraten zu lesen, nie für die Freiheitliche Partei, aber andererseits dürfte ich dann ein ganzes Volk nicht mehr belesen. Trotzdem, von so populistischen Zwischenspielen abgesehen, ist man in Österreich entweder rot oder schwarz.

Mir sind die Parteien wirklich völlig Wurscht, die Linken wie die Rechten, und als Dichter, mit einem Gedicht kann man ohnehin nichts bewirken. In Mitteleuropa, in Wien kann man doch mit einem Gedicht nichts bewirken. Leute auf die Barrikaden treiben, mit einem Gedicht. Im 48er-Jahr, für vierzehn Tag', im vorigen Jahrhundert, was soll's auch.

Vielleicht, daß man mit Gedichten noch Aufruhr machen kann oder Aufsehen erregen kann in lateinamerikanischen Ländern.

oración para chile

poncio pilato
ujier de arauco
planta limpia
entre todas las agujas
bendicha y
aojada
orbicularmente asalariada
zancajo eliptico
lábil como aloe
pulso de embocadura
movimiento relumbrante
cromañon de las mochilas
ascética cum laude
sal elegida
cuerno de plata en el rastro
de los peces de la illuvia
falsete de la ceniza
circuito de la muerte
chiloé de aguas
cibório rociado
de tallones
y de hebras
maritimo y
polar y
polar

gebet für chile

pontius pilatus
trabant von arauco
reinliche pflanze
unter den nadeln
gebenedeit und
geblendet
besoldet im kreis
ellipsenferse
labil wie aloe
puls einer mündung
leuchtstarkes wühlen
cromagnon der tornister
ascese cum laude
erwähltes salz
silberhorn auf der spur
der fische im regen
falsett der asche
umkreis des tods
chiloé aus wasser
betaute monstranz
aus stengeln
und fasern
maritim und
polar und
polar

ein lilienweißer brief aus lincolnshire,
Frankfurt a.M., 1969

Mit einem Gedicht was bewirken konnte man nicht einmal in den 60er Jahren und nicht einmal in Berlin.
Der Rudi Dutschke und hunderte andere sind damals vor meinem Fenster auf- und abmarschiert und haben geschrien: »H.C., komm' herab, H.C., komm' herab, H.C., komm' herab«, da bin ich runter, und wir haben ganz Berlin verunsichert. Am Tag und in der Nacht. Der Joint kreiste durch unsere Lokale, ich probier's aus Höflichkeit und mußte sofort husten, mir war zum Kotzen, bitt' schön gebt's mir ein gutes Vierterl Wein zum Drüberstreuen, das ist nichts für mich. Wenn ich gesagt habe, mir wird schlecht, war ich ein Faschist. Wenn ich gesagt habe, ich komme mit meinen Eltern gut aus, Faschist. Wenn ich gesagt habe, ich liebe ein Mädchen, Faschist. Die Frauen haben gesagt, o.k., du bist kein Faschist, aber faschistoid bist du schon irgendwie, irgendwie reaktionär. Die haben damals reaktionär gemeint und jetzt sind die 68er von damals Juppies, und wie reaktionär sind die alle geworden, und wo sitzen die jetzt alle drin', in welchen Gedärmen. Was ist aus denen geworden. Schade.
Starke Leute waren damals dabei aus dem ehemaligen Kreuzberg. Die Ricksdorfer, der Uwe Bremer, der Schindehütte, und wir haben voll zugelangt, damit was weitergeht. Pervetin haben wir genommen, ein Valium d'rauf und dazwischen gesoffen, daß es uns oben und unten rausgeronnen

ist. Dann hab' ich so ausg'schaut wie auf dem Bild mit dem Wolfi Bauer und dem Pichler. Ich mußte das aufgeben, ich konnte nichts mehr schreiben und bin nach München gefahren. In München, was soll ich da, steig wieder in den Zug. Nachtzug, Liegewagen, und muffig war's, so bin ich herumspaziert, ein ruhloser junger Mensch ist da auch herumgeirrt. Der hat mich interessiert, er wirkte wie ein Giftler, ein Herumfieberer, und wir sind müd' angekommen in Berlin. Ich hab' am Kurfürstendamm gewohnt und leg' mich sofort nieder. Irgendwas Unruhiges im Fernsehen hat mich geweckt, und die sagen, daß der Rudi Dutschke gerade angeschossen worden ist, drei Häuserblocks von mir entfernt. Meine Freundin kommt vom Theater, und wir rennen rauf, und ich sah' schon diese Kreidezeichnung am Asphalt, Blut und so, der Dutschke war aber schon weg, und dann tragen sie jemanden auf einer Bahre raus und ich seh', daß das mein unruhiger nächtlicher Begleiter aus dem Zug war. Uns hat das alle schwer getroffen, andererseits, dieser arme verführte Hund da, wie heute halt diese rechtsradikalen Idioten.

> ich bin einmal spät abends von münchen nach berlin raufgefahren es war im sommer und im liegewagen wars nicht auszuhalten sechs mann und kein gewehr um die fünf mitschläfer zu erschießen die einen stanken die

anderen schnarchten und ich stieg aus der couchette und versuchte auf der clobrille sitzend zu dösen das war nach nürnberg aber das wurde mir auch zu öd und ich ging durch den zug spazieren auf und ab auf und ab und die waggons waren fast leer nur ein junger mensch begegnete mir immer wieder ein blasser typ und etwas wirr der bursche kam mir vor als hätte er in münchen was ausgefressen und befände sich auf der flucht und ich wollte ihn in ein gespräch verwickeln seine art interessierte mich irgendwie aber ich verwickelte ihn nicht ich dachte mir der denkt sich dann vielleicht ich sei ein schwuler es ist immer komisch wenn ein weitaus älterer einen weitaus jüngeren mitten in der nacht anredet und er sagte auch nichts sondern sah aus wie einer der in münchen etwas ausgefressen hat oder bei gutem wind dem sozialhelfer durch die finger geschlüpft ist und als ich dann am bahnhof zoo ausgestiegen bin war schon die inga da und wir fuhren in unserem vw cabrio nach hause auf den kurfürstendamm und die inga mußte gleich darauf zur talismanprobe in dieses theater nach moabit und ich haute mich in die federn um meinen verlorenen schlaf nachzuholen es war so gegen halb neun uhr morgens und gegen drei schaute ich mir einen nachmittagskrimi an und auf einmal unterbrachen sie den film und der sprecher sagte ein wenig atemlos soeben erfahren wir daß rudi dutschke vor fünf oder was weiß ich wieviel minuten in der nähe des leninerplatzes oder irgendwie dort oben in der nähe angeschossen worden ist und ich lief ans fenster und drunten parkierte die inga gerade unseren vw und ich schrie inga komm nicht herauf ich komm hinunter und ich nahm erst gar nicht den lift und sauste die drei etagen hinab und sagte inga steig wieder ein und fahr den kurfürstendamm hoch den dutschke haben sie gerade angeschossen und die inga sagte mach keinen blödsinn aber dann glaubte sie es und wir fuhren die paar häuserblocks hoch und da sahen wir schon ein umgeworfenes fahrrad und ein paar halbschuhe standen auf dem bürgersteig und die polizei hatte alles schön mit kreisen markiert und blut war auch da und dann liefen wir den leuten nach die der seitenstraße zustrebten und in dieser straße war ein halbfertiger neubau und es roch nach tränengas und dann kamen sie auch schon mit einer tragbahre aus dem halbfertigen neubau und auf der bahre lag ein junger mensch mit einem aschgrauen gesicht und man schob ihn in einen wartenden krankenwagen und am nächsten tag sah ich das foto vom bachmann in der zeitung und es war dieser typ aus dem zug der mir so vorgekommen war als befände er sich auf der flucht und hätte in münchen was ausgefressen und ich dachte mir wenn du ihn gestern in der nacht angeredet hättest dann wäre vielleicht alles anders gekommen und der rudi dutschke hätte keinen kopfschuß und der junge trottel keinen im bauch oder sonstwo wo sie ihn halt hingetroffen haben

Nachrichten aus Nord und Süd,
Salzburg und Wien, 1978

Der Rudi Dutschke hat dann seinem Attentäter ganz großartig, medienwirksam verziehen, der hat sich aber trotzdem umgebracht.

Berlin war damals einen große helle freundliche duftende Stadt, und von einer Teilung habe ich nichts gemerkt, außer daß man drei Stunden warten hat müssen, daß ich über die Zone da rüberkomm'. Natürlich hat mir das eine Freud' gemacht, daß die Mauer weg ist, aber was daraus wird, ich habe mir das ganz anders vorgestellt, und was kommt raus, die Fehler des Westens werden eins zu eins übernommen, gratuliere. Es war vieles Scheiße drüben, aber wirklich nicht alles. Es lebe die deutsche Gründlichkeit und all diese Klischees. In der ehemaligen DDR, die haben phantastische junge Dichter, Ostberlin, Leipzig, Dresden, da gibt es einen ganz großen Aufschwung, und sie haben die Freiheit zu schreiben und die Freiheit zu hungern.

Ich orientiere mich aber nicht so sehr nach dem Westen, eher Richtung Osten. Und wenn man mich fragt, was ist für Sie Mitteleuropa, und ich sag', das sind die Reststaaten der k. und k. Monarchie, dann bin ich wieder aufgeschmissen. Ich nütz' ja jeden Moment aus, wo ich irgendwie rübergehen kann. Da habe ich vierzig Jahre warten müssen. Budapest, Prag. Prag ist allerdings nicht mehr das, was es war. Mir fehlt das Judentum, das Deutsche. Prag war 1910 groß.

Ich lese viel in Ostdeutschland, aber eben auch in Ungarn, Tschechien, Slowakien, Kroatien, Slowenien. Da wird die Ausländerfrage sowieso ad absurdum geführt, das sind doch unsere Leute, es gibt keine Ausländer.

Es gibt Nachbarn, und denen müßte man helfen. Und was is', der Westen macht überhaupt nichts, der wirkliche Westen. Wir tun a bißerl was. Der echte Westen, was machen die, die EU oder wer? Und für die Franzosen, die Engländer, für die Amerikaner sowieso, für die ist Mitteleuropa alles das, wo der Kommunismus war, was hinter dem Eisernen Vorhang war. Österreich ist ja da ausgeklammert, Österreich existiert ja für die meisten gar nicht.

Die EU versagt auf allen Linien, nicht nur im ehemaligen Jugoslawien. Daß die EU sich von selber auflöst, das ist meine einzige Hoffnung.

Mit Journalistik könnte man da nachhelfen, aber als Dichter? Und ich muß dir sagen, ich wäre so gerne nicht nur ein trefflicher Dichter, sondern auch ein guter Journalist, der alles spannend zu Papier zu bringen weiß. Wann schreib' ich denn schon was, vielleicht ein ganzes Monat im Jahr, dazwischen könnte ich phantastische Journalistik betreiben. Aber ich kann es nicht, ich kann es wirklich nicht, ich bin dazu überhaupt nicht imstande, obwohl es meine Sehnsucht wär'. Ich achte den Journalismus, aber ich achte nicht viele Journalisten. Früher ist in den Zeitungen noch sorgfältiger geschrieben worden, mit humanistischer Bildung, und eine Schweizer Zeitung klingt für uns etwas spießig, nur weil sie ein besseres Deutsch schreiben. Nicht dieses Bildzeitungsdeutsch, flott und keß und die Sprache nimmt dadurch ab. Wenn ich in einer italienischen Zeitung was über einen Mordfall oder einen Diebstahl lese, dann ist das zeitweise noch wie in einem gutgeschriebenen Krimi.

Bei uns wird das so lieblos mit schlechten Metaphern hingerotzt. Bei einem Gewitter sind es dann taubengroße Eier, die vom Himmel fallen, Wälder werden ständig wie Zündhölzer abgemäht, schrecklich. Die Poesie fehlt vollkommen. Als Journalist hätte ich auch die Möglichkeit aufzuzeigen, wie es in einem Polizeistaat zugeht. Deutschland halte ich nicht für einen Polizeistaat, ich habe in Deutschland nie mit der Polizei zu tun gehabt, immer nur in Österreich. Begonnen hat es in Wien, Schloß Schönbrunn. Ich bin mit einem Mädchen auf der Flucht durch die Irrgärten, und ihr Vater hinterher. Hält uns ein Polizist auf: »Was rennen's da denn so?« »Na, der Alte von der Süßen da verfolgt uns.« »Das kann ein jeder sagen, mitkommen.« So bin ich mitgeschliffen worden, nur weil ich Hand in Hand mit einem Mädchen vor ihrem Papa geflüchtet bin. Und dann ist alles gleich Widerstand gegen die Staatsgewalt, nur weil ich mich gewehrt habe, daß der Polizist mir den Arm bricht. Oder man geht auf der Straße, dreht sich um, ein Polizist sagt, »Was schauen's denn so blöd«, und ich »Wenn da einer blöd schaut, dann bist das du«, und schon die schönste Schlägerei. Ich konnte ja drei Jahre nicht in Österreich sein, wegen einer drohenden Gefängnisstrafe. 1970 in Klagenfurt war das, auf dem Eisschützenplatz. Anpöbelungen von der Polizei, Handgemenge und ich: »Ich bin Karatekämpfer, wer will in den Kanal«, dann haben sie Verstärkung bekommen, na ja, Störung der Ordnung und Widerstand gegen die Staatsgewalt, nichts Unehrenhaftes. Im Gegenteil, für einen Anarchisten etwas Ehrenhaftes. Ich hab' zu diesem Thema schon sicher hundert Eintragungen bei der Polizei, aber als unabhängiger Mensch kann man sich doch

nicht von diesen Lümmeln irgendwie beflegeln lassen oder von den Flegeln belümmeln lassen. Seit ich mehr Preise und Auszeichnungen als Polizeistrafen habe, gehen sie mir aus dem Weg.
Noch nicht so in Graz, wo ich mich einer Demonstration angeschlossen habe, irgendein wichtiges Thema, und schon stört die Polizei wieder, ich hab' da natürlich helfen müssen und verpasse so meinen Zug nach Wien. In Wien haben Werbeleut' und das Fernsehen gewartet. Die Schuhfabrik »Humanic« machte doch so Kunst- und Künstlerförderung, und ich habe denen versprochen, so was zu machen. Irgendeinen Zug hab' ich dann doch noch erwischt, und bevor ich in Wien aussteige, fällt mir ein, daß die doch ein Gedicht von mir haben wollten, für den Fernsehspot und die Plakate und so. Der Zug wird schon langsamer, ich reiß ein Stück aus der Kronen-Zeitung ab und kritzle einen japanischen Dreizeiler auf das Papier.

bei de japana
drongs papiarene schtifö,
des hast daun: haiku*

* Ein »HAIKU« ist eine japanische Gedichtform, in der grundsätzliche Lebenseinsichten in knappster Form vermittelt werden. Japans »Tenno« wendet sich in einer jährlichen Grußbotschaft mit einem solchen »HAIKU« an sein Volk.

Ursprünglich hätte es so geheißen, das HAIKU habe ich dann rausgenommen und »Gedicht« gesagt. HAIKU hätte niemand was gegeben und eine Werbung zu machen, die niemand versteht, ist ein Schmarrn. Und ich habe damals 100.000 Schilling dafür gekriegt, dann hat man mich gefragt, warum machst du das für die Kapitalisten? Die sponsern, der Kapitalist hat zu sponsern, und ich finde das in Ordnung. Wenn der Staat was sponsert, dann krieg' ich erstens einmal zu wenig dafür und muß auch noch staatstreu sein. Und Kapitalist ist der Verleger sowieso.

Mir könnten sie nie soviel Geld geben, daß ich für einen Scheiß Reklame mache, aber für eine feine Rumsorte zum Beispiel, die haben mich angeschrieben, ob sie einen Satz aus »How much Schatzi« hernehmen dürfen. Ich hab' nach der Verkostung sofort ja gesagt, mit der Auflage, mir ein paar Kisten davon zu schicken.

Dracula, Dracula, oh mein Gott Dracula.

Was mich zum Horror hinzieht, ist das Geheimnis, das Dämmrige, dieser Dämmerzustand zwischen hell und dunkel. Das Unerwartete, das nicht zu Erwartende, das dann doch eintrifft oder was vielleicht nicht eintrifft, das ist das, das mich am Horror reizt. Ich habe viel damit experimentiert. Bei mir ist es aber wie im Märchen, es geht gut aus. Dieser Abglanz von Märchen und von den Geschichten der Großeltern mit diesem leichten schönen Gruseln muß ein Happyend haben.

Das Publikum ist ja verwildert, brutalisiert, die finden ja den poetischen Zugang, der alles ermöglicht, der alles zuläßt, bei meinen Sachen nicht. Die wollen den echten Horror, der den Leser oder den Betroffenen in eine völlig infernalische Hoffnungslosigkeit versetzt, aus der man nicht mehr rausfindet. Eine Hölle irgendwie. Für Leute, die schon abgeflacht sind, die brauchen diesen Horror. Ich kriege da Angst und gehe weg und streiche mir ein Brot und mache mir einen Tee.

Ich könnte nicht mehr einschlafen. Ich bin doch kein Maso-

chist, mich bedrückt das fürchterlich. Dieser Horror hat für mich immer etwas Unappetitliches, vom Magen aus graust mir, mir ist zum Kotzen.
Mein Horror ist der Durchgangshorror, der romantische, das verstehen die Leute aber nicht und sagen ah, sehr makaber. Ich bin überhaupt nicht makaber. Ich wühl' doch da nicht herum.
In der Art-Club-Zeit haben wir gesagt, sehr makaber. Das hat geheißen, toll, wahnsinnig klass, super, ungeheuer makaber. Das Wort makaber ist ja vorher nie verwendet worden. Das hat sich so durchgesetzt und wird sofort mißverstanden, wie alles. Und die Kritiker, die sich auskennen, schreiben, »daß das makabre Element in Wien schon immer einen guten Nährboden gefunden hat, in diesem Urschlamm einander überdeckender Traditionen«.
Das Wort makaber kommt ja ursprünglich aus der niederländisch-französischen Literatur. Ich habe ja auch von Michael de Helder Roderder die »balade de grand makabre« übersetzt, und wie ich »Dracula Dracula – ein transsylvanisches Abenteuer« geschrieben habe, das hat den Leuten gefallen, irgendwie, und ich muß mit dem Image des Makabren leben.

Dracula Dracula

– Ein transsylvanisches Abenteuer –

Die geheime litanei der bauern der umgegend von Mandrak

Дракꙋла der du wie ein aas stinkest
verschone uns
Дракꙋла der du blut wie bier trinkest
verschone uns
Дракꙋла der du deine opfer suchest
verschone uns
Дракꙋла der du der trinitas fluchest
verschone uns
Дракꙋла der du die welt bereisest
verschone uns
Дракꙋла der du die augen vereisest
verschone uns
Дракꙋла der du aus grüften auftauchest
verschone uns
Дракꙋла der du wie ein käfer krauchest
verschone uns
Дракꙋла der du dich stets beweibest
verschone uns
Дракꙋла der du unzucht treibest
verschone uns
Дракꙋла der du über Mandrak fliegest
verschone uns

Дракꙋла der du auf unflat liegest
verschone uns
Дракꙋла der du die adern verehrest
verschone uns
Дракꙋла der du dich stets vermehrest
verschone uns
Дракꙋла du made der guten gestirne
verschone uns
Дракꙋла du drache der herzen und hirne
verschone uns
Дракꙋла du herr der roten schwäne
verschone uns
Дракꙋла du meister der nägel und zähne
verschone uns
verschone uns
verschone uns

The Best of H.C. Artmann, Frankfurt a.M., 1975

Es kommt wirklich darauf an, wie das geformt ist, wie man das schreibt. Horrorliteratur muß nicht automatisch trivial sein. Trivial ist schlampig, und pro Woche kommt irgend so ein fürchterliches Bändchen heraus. Der amerikanische Horror, nicht der britische zum Beispiel, aus den 20er, 30er Jahren, das ist was, phantastische Sachen, teilweise.
Die phantastische Literatur hat viel aus der Horrorliteratur gelernt und umgekehrt. Für mich ist Edgar Allan Poe der

Vater dieser Art Literatur. Ich lese keinen Poe mehr, ich lese lieber Gedichte von Poe. Auch wie ich ein Drehbuch zu einem Poe-Film geschrieben habe, habe ich mich sofort auf die Essays und die Gedichte geworfen, das andere tut mir nicht gut.

Das Suchen nach dem gestrigen Tag oder Schnee auf einem heißen Brotwecken

EDGAR ALLAN POE verfaßt zwischen zwei gläsern absinth einen spanischen vierzeiler, bindet ihn einer streunenden katze an den schwanz [Toque de peste manera / Hace de casta mayor / Preste lo quiera mayor / Todo los parques de cera ...], die das papierfetzchen einem alten organisten bringt.
Hallelujah! die seelen kühlen sich an brunnen und schattigen orten ...

Grammatik der Rosen, gesammelte Prosa, Salzburg und Wien, 1979

Poe ist sprachlich ein bißchen so schlampig wie Lovecraft. Ich habe mich um Lovecraft 15 Jahre lang bemüht und ihn mühselig bei uns bekannt gemacht. Sprachlich ist er nicht das, was ich mir unter einem guten englischsprachigen Schriftsteller vorstell'. Er versucht sehr seltene Wörter reinzubringen, das ist noch vom Poe her, diese altmodische Sprache und das ganze im Englischen, wo ich für ein Wort wie »unheimlich« zwanzig verschiedene Ausdrücke verwenden kann, und im Deutschen muß ich mich wiederholen. Es fällt mir nicht leicht, so etwas zu sagen, aber mir gefällt meine Übersetzung besser als das englische Original. Mir geht es oft so.

Pickmans Modell

Es lag etwas ungeheuer Bedrückendes in all diesen Skizzen und unvollendeten Monstrositäten, die aus allen Ecken und Enden dieses Raumes lauerten und drohten, so daß ich vollends die Beherrschung verlor und laut aufschrie, als Pickman unversehens eine riesige Leinwand enthüllte, die bisher mit einem Tuch verhängt gewesen war. Mein Schrei – der zweite in dieser Nacht – echote von den schimmelpilzigen Wänden dieses alten Gewölbes, und es war, als wolle er kein Ende nehmen. Nur mit Mühe konnte ich ein hysterisches Gelächter unterdrücken, das sich in meiner Kehle qualvoll breitmachte ...

> Allmächtiger Gott, Eliot, ich weiß wahrhaftig nicht mehr, was daran Wirklichkeit und was Fiebertraum war, aber noch heute erscheint es mir undenkbar, daß unsere Erde eine solch höllische Vision beherbergen könnte!
>
> *Lovecraft Lesebuch,*
> *Frankfurt a.M., 1987*

In Österreich und in Deutschland sind das nur so Feinspitze, die das lesen. Ich lese Lovecraft auch, nicht nur daß ich vorlese, aber was mich vor allem interessiert, ist seine Person. Ein Mann mit vielen Gegensätzen, ein Eigenbrödler, hochinteressant. Größenwahnsinnig war er nicht, natürlich hat er einen Verfolgungswahn gehabt. Er fühlte sich immer bedroht, sonst kann man ja auch nicht so schreiben. Es liegt immer da, dieses unerbittlich Bedrohliche. Er überschreitet Grenzgebiete, die andere meiden. Und dadurch kommt er in große Drangsale und Schwierigkeiten. Ich fürchte mich vor Lovecraft. Trotzdem habe ich auch seine Briefe übersetzt. Das macht mir Freude, wenn man die Horrorvisionen hört und auf einmal einen sehr humorigen Menschen vor sich hat, am Tage. Also der Tag- und der Nacht-Mensch Lovecraft. Dieses System des Grauens.

Mich beschäftigt nicht nur der Horror beim Schreiben, sondern auch im Traum, und das ist wie ein Film. Ich sitze

immer als Zuseher in der 7. oder 8. Reihe und schau' auf die Leinwand. Ich glaube, das ist der Einfluß der Cinematographie auf den modernen Menschen. Rauslösen kann ich mich, indem ich sage, so, aus is'.
Der Horror hat sich aber weiter verlagert. Von der Literatur über den inneren Film direkt in mein Leben. Wenn ich in so einer Stimmung bin, ist alles ohne Erlösung. Daß ich sterbe und trotzdem nicht tot bin. Das geht dann in's Böse, Religiöse. Wo keine Beichte mehr hilft, wo nichts mehr hilft. Man ist verdammt, diese ungerechte Vorbestimmung, wie man sich als Mensch die Ungerechtigkeit vorstellt. Ich versuche jetzt verzweifelt da rauszukommen. Höchste Zeit mit 80.
Und dann fahr' ich wieder auf meine irische Insel, weit draußen im Meer, früher bewohnt, jetzt unbewohnt, kilometerweit ist die Erde so aufgeworfen von unterirdischen Tieren, und alles ist übersät von Schafskeletten – von bleichen, man ist allein und erst wieder verloren in der »finsteren nacht ohne mondschein«.

Die fleischseite seiner haut war nach außen gekehrt, die fellseite nach innen, er fror nicht, er roch wie ein toter bär unter maden, seine füße waren die hinterflossen des seehunds, sein sich fortbewegen verursachte ein unangenehmes geräusch, schmatzendes schlurfen durch frühlingsschlamm, seine augen waren zwiebeln eines liliengewächses, faulig glosend, es war eine finstere nacht ohne mondschein flußaufwärts. Das ungeheuer kam aus der meeresbucht, es war über das wasser geschwommen. Der morgen begann es stunden später einzuholen, es wurde sichtbarer, aber nur ein zobel sah ihn, ein hermelin, ein murmeltier, ein fischotter und eine drossel, die auf einem eisendraht saß; der tag kroch aus der schale, »der tag ist ein vogeljunges«, sagte das ungeheuer.

Die Sonne war ein grünes Ei,
Salzburg und Wien, 1982

oben: Mit Peter Handke auf der Buchmesse in Frankfurt, 1967
unten: Mit André Heller, 1977

Kabarett Niedermaier, 1986

Salzburg-Moos, 1980

1986

tritt hin vor meinen aschen stein im abend rot

ij

tritt hin vor meinen aschen stein
im abend rot
und sprich mir meinen schäfer vers
im abend rot:
hat auch die eidechs längst mein herz
zernagt im grab
schwebt dannoch im basilicum mein vers
im abend rot

Gedichte über die Liebe und über die Lasterhaftigkeit,
Frankfurt a. M., 1975

Ich lasse mich doch nicht in das Establishment einbauen. Das können sie mit mir doch nicht machen. Das sollen sie mit allen anderen machen. Interessanterweise hat einer zu mir bei der Doktorverleihung gesagt, ich hätte gesagt, »ich laß' mir doch nicht irgendwie einen Professor auf die Brust nageln, das tut nämlich weh«. Das ist ja ein Unterschied, ob ich wie ein Fußballer oder Schlagersänger, wie der Professor Udo Jürgens, das muß man nicht kommentieren, ob ich so etwas kriege, oder ob ich auf der Uni Doktor der Philosophie ehrenhalber bin.

Dr. h.c. H.C. Artmann, das ist doch wie ein Stück von mir. Ich konnte es ja nicht glauben. Ich mußte sofort an den verstorbenen Helmut Qualtinger denken. Das könnte eine Erfindung von ihm sein. Dr. h.c. H.C. Artmann.

Ich hab' mich kaum erholt von diesem Lacherfolg. Und ich sag' mir natürlich, zuerst habt ihr mich niedergemacht, und jetzt müßt ihr mir Orden geben und Staatspreise.

Der Alois Haslinger, der bei so einem Anlaß die Laudatio hielt, hat gesagt, daß man vom Artmann eine andere Form des Denkens, in der Platz für Alogik sei, lernen könnte. Aha, ich hör' mir das so an, fadisier mich, aber irgend etwas muß man da wohl sagen, irgend etwas.

Eigentlich sind so Ehrungen schrecklich. Aber mit dem Geld kann man wieder eine Zeitlang umherreisen. Ansonsten hat das doch alles keinen Sinn. Wenig Sinn und viel Unsinn. Von der eigentlichen Verleihung gar nicht zu reden.

Wenn Ehrungen und Feiern einen Sinn haben, dann den, daß es meist ein gutes Buffet gibt und, was wichtiger ist, Freunde sind da, dann kriegt man wieder einen Orden und Ehrenzeichen, das ist dann lustig, und wenn man Glück hat, hängen sie dir noch ein Kreuz um, zum Sammeln. In Triest habe ich den Titel »Cavaliere« bekommen. Die Feier war ein Höllenspektakel. Den großen österreichischen Staatspreis wollt' ich ursprünglich nicht, das ist ein Alibipreis. Dann hab' ich mir gedacht, ich könnte ihn ja einer bretonischen Literaturzeitung oder der IRA spenden. Dann erfahr' ich, wenn ich ablehne, kriegt ihn ein vollkommener Idiot, wie so oft. Vierzehn Tage vor seinem Tod hat ihn der dann trotzdem bekommen, und ich hab' meinen Staatspreis umsonst gehabt.

Jahre danach seh' ich einen Film davon, wo der liebe Sinowatz, der ehemalige Bundeskanzler sagt, »den Staatspreis geb' ich ja nicht dem H.C., sondern seiner Mutter«, und die Mama ist unten gesessen, schaut rauf und war glücklich. Also doch nicht alles umsonst.

Wie lang' das schon her ist. Mich stört das schon sehr, daß ich schon 80 bin. Das ist wirklich was ganz Schlimmes, schon aus mathematischen Gründen. Schreib's irgendwo hin, 80 Jahre, da fällt dir ja die Hand ab. Schau dir die Menschen an, die so alt sind, Mumien, geistig und körperlich. Und ich leb' so gern, aber das schmink' ich mir auch noch ab.

Das schlimmste, was man sich vorstellen kann, war mein 70. Geburtstag. Da wird man so hineingestoßen mit der Nas'n, als Pensionist und so. Beim 70er wieder herumrennen, flüchten, das wär' irgendwie Snobismus gewesen. Beim sechzigsten Geburtstag war ich ja weg, nichts wie weg, ich komm' nach Berlin, was war, sechs verflossene Frauen wa-

ren da, sechzig Rosensträuße mit sechzig Rosen, sechzig Flaschen bester Champagner, sechshundert Flaschen Chianti, sehr g'scheit gemacht. Meine Berliner und Wiener Freunde haben das organisiert. Und ich wollte mich zurückziehen. Mein Verleger hat in Salzburg mit einem Riesenfest gewartet, und ich hab' durch den Qualtinger ausrichten lassen, was dann auch in den Zeitungen stand, ich bin in Grönland, dort wollt ich ursprünglich hin.
Vom internationalen Pen-Club wollten sie auch was machen, gräßlich. Ich liebe Feste, aber ich verabscheue diese Pseudo-Society des Pen-Clubs. Es darf doch wirklich ein jeder Kretin, der ein schlechtes Buch herausgebracht hat, eintreten. Ein jeder kann da rein. Was soll das für einen Sinn haben. Ein bißchen elitär muß man schon sein, wenn es um nichts weniger als um die Kunst geht.
In den siebziger Jahren in Graz bei dieser Autorenvereinigung haben sie mich zum Präsidenten gewählt. Auf einmal war der Heinrich Böll, der Handke und die anderen dafür, in den internationalen Pen aufgenommen zu werden. Die sind alle zu spießig geworden. Die spießigen Abtrünnigen.
Ich habe sofort alles hingeschmissen. Im Grunde bin ich ein Einzelgänger, was sonst. Spätestens im Grab.
Aber ich lebe noch, ich habe nie vernünftig gelebt, das wird der Grund sein. Ich bin überzeugt, daß der Charlie Chaplin oder der Picasso, daß die – genauso – dagestanden sind.

Salzburg ist natürlich kein Klima für einen Schriftsteller. Ich leide sehr unter dem Föhn und noch mehr darunter, daß alle weg sind. Der Peter Handke ist weg, der Peter Rosei ist weg, der Thomas Bernhard ist weg, es ist ja niemand mehr da, und es kommt niemand rein. Und ich sitz' da im Moos herraußen – oder in Wien. Wien ist dann das letzte sowieso.

> meine freuden sind ebenso exzentrisch wie meine leiden und gestatte ich mir ihnen höflichst mitzuteilen daß mein gegenwärtiges leiden auf keine kuhhaut geht da es in seiner ausdehnung alles bislang dagewesene übertrifft ein verstehen sie mich recht parapsychologischer schock mit spitzengeschwindigkeiten von dreihundertfünfundsechzig lichtjahren pro sekunde und dabei weiß ich gar nicht habe ich jetzt das reißen im linken bein oder ist es der psychoterror einer garstigen jahreszeit die über mich und die meinen und über dieses haus im moor hereingebrochen ist o ja es ist schon recht arg

Nachrichten aus Nord und Süd,
Salzburg und Wien, 1978

In Salzburg fühlt man sich wohl, wenn man in der Wirtschaft ist und perfide Geschäfte macht. Salzburg ist ein Souvenirladen. Aber wegen meiner Tochter bin ich froh, daß wir in Salzburg gelebt haben. Salzburg ist ja ein Dorf. Und vor dem Haus die ganzen Tiere, sie war ein Kind, das das Wort »Bambi« nie in den Mund genommen hat, Rehe hat sie hunderte gesehen, und ein Großstadtkind, »schau Mutti ein Bambi«, die ganzen Vögel, Frösche und und und, und der Untersberg hält seine Hand darüber, und in Wien, ich habe in Wien immer wenig Freunde gehabt, in diese Wiener Art habe ich mich nie reinbauen können, ich bin kein typischer Wiener. In meiner Familie waren s' 300 Jahre Bauern an der Grenze oben.

Der Wiener ist lahmarschig, man kann ihn nicht richtig begeistern, und das ist nicht meine Art, ich bin irrsinnig begeisterungsfähig. Diese Art, dieser Wiener Humor ist mir zu ordinär. Und die Wiener sind richtige Wadlbeißer.

Meine Wünsche sind die einer alten Großmutter oder eines Großvaters, daß alle gesund bleiben und daß es nicht schlechter wird als jetzt.

Vor zwei Jahren bin ich gestürzt und kann seitdem kaum noch gehen. Es passierte beim André Heller. Ich bin auf dem Parkettboden ausgerutscht, habe einen Spagat gemacht und mir etwas gebrochen. Das ist blöd, denn ich gehe gerne durch Parks. Japanische Besinnlichkeit. Siehst du den Stock

da? Das ist der Spazierstock von Henry Miller. André Heller hat ihn mir gegeben. Er hat gesagt: »Nimm ihn, für dich paßt er.«
Ich muß dir was zeigen. Ich habe viel gezeichnet in letzter Zeit. Blind. Das ist alles blind gezeichnet und dann mit Filzstiften illuminiert. Ich lasse mir dann einen Text einfallen, der völlig entgegengesetzt ist. »Wagners Tannhäuser, vom Innern des Venusberges enttäuscht, kapituliert vor der Fremdheit des Objektes.« Die Bilder sind alle verkauft, an eine Galerie in München. Das einzige, was ich mit dieser Hand noch tun kann, ist zeichnen. Ich weiß nicht, ob es ein Schlaganfall war. Ich war im Krankenhaus, wiege nur noch siebenundvierzig Kilo, bei einer Größe von einssechsundachtzig. Das Essen war so schlecht, daß mir der Appetit vergangen ist. Man kommt ins Krankenhaus und stirbt.
Ich glaube Urs Widmer hat einmal gesagt: »Ich lebe nur deshalb noch immer, weil ich alles gut ausgehen lasse.« Schauerliche Geschichten, aber es geht immer gut aus. So ist das. Und ich verschließe die Ohren, was den Tod betrifft. Über so etwas rede ich nicht.
Hör mir auf. Menschen zurücklassen. Sterben. Ich bin nicht abergläubisch, aber ich hab' Angst davor. Nicht mich betreffend, aber andere. Angst habe ich eine ungeheure, daß anderen was passiert. Was soll ich machen, ich steck' den Kopf in den Sand. Wenn ich mich mit dem Tod beschäftige,

dann bin ich tot. Dann bin ich gestorben und bekomm' den schlimmsten Abschluß, ein Ehrengrab.

> es *ist wahr, daß der tod die liebe*
> konserviert, aber er nimmt das herz
> aus dem leib und legt es in den schnee
> wie einen geschlagenen fisch, und es
> wurde gesagt, daß dies wiederkehrt
> von jahr zu jahr, und der schmerz bleibt
> derselbe und wird nicht blaß vom
> vorbeigehn vieler zeit, denn die herzen
> sind immer die gleichen roten aus fleisch,
> und auch dein eigenes mußt du einmal
> dazulegen ...
> (post mortem Opheliae)

Gedichte über die Liebe und über die Lasterhaftigkeit,
Frankfurt a.M., 1975

Salzburg-Moos 1990

Schule für Dichtung, 1992

Wie ein Franz Liszt der Schreibmaschinentasten

ginevra verrät sich im schlaf
und der könig artus antwortet
ihr mit einem gedicht:

yr mwyzaf gwr bmynyz
yn rhozoz
oed brangl y mae hi
yn sychred
ond cwyrlwch o gwrion:
ynysoez attedion
och cwcw!
un cwpa llechlen can pen
wele ond ni derbyn
yn vyrz cyffeithiol
mab bychan norphen camäel
wr rhezeg ev i'r âl
yngchariad dibewtrws zim
goch gilzmai lleêgorh punt
cwymp gavaêl nodau twyb
zim mwllwn ...

verbarium, Olten, 1966

Wenn man sich nicht mit dem Tod beschäftigt, beschäftigt man sich auch nicht damit, was nachher sein wird, und schon gar nicht, was von einem bleibt. Damit müssen andere leben. Da interessiert mich schon mehr, was jetzt über mich gesagt und geschrieben wird.

Dann kann man über sich lesen: »Wie ein Franz Liszt der Schreibmaschinentasten, seine Leitbilder sind die Selbstmörder und Verrückten, Kleist, Hölderlin, seine Vorfahren Grillparzer, Nestroy bis Musil, Kafka, Joseph Roth, Heimito von Doderer, Karl Kraus.«

Was sind denn das für Etiketten, die mir irgendwer aufpressen will. Wieso Franz Liszt, vielleicht weil ich so lange Haare gehabt habe und so schreibe. Liszt war mir unerträglich, jetzt hör' ich ihn ganz gern.

Grillparzer habe ich mit 13 in der Schule lesen müssen, entsetzlich. Da muß man schon etwas ganz Schlimmes verbrochen haben, daß man mit so einem Namen herumrennen muß.

Musil habe ich nie gelesen. Kafka nie. Was soll ich mit so Spießern wie Musil. Das war doch ein ganz strenger Puritaner. Kafka, ein Puritaner. Und ich, alles andere als ein Puritaner.

watussi
flabello
watussi
flabro
watussi
flagello
watussi
flamma
besonderer
golf
gefaltetes
blondhaar
cerebrales
verglühtes
umtostes
erhörtes
sellerie
belaubte
artischocke
sardelle in
dunkel
watussi in
krebsfleisch
vertinteter
isthmus
prévert
mein altan
verglast von
der sohle
posthume
berosung
subtiler
delphin am
schädel am
pulsweg
zentrales
massiv
watussi
praecurrit
ad alium
xystum

verbarium, Olten, 1966

Da bin ich doch viel eher mit Hofmannsthal geistesverwandt. Nicht beim Schreiben, aber von der Grundhaltung. Hölderlin ist was anderes. Hölderlin soll sein. Nestroy hab' ich recht gern, der ist mir aber zu wenig ironisch. Joseph Roth, den verehre ich sehr. Der Heimito von Doderer, der war ein Haberer, ein guter Mann.
Nestroy litt unter Schwermut. Roth soff sich zu Tode. Raimund hat sich umgebracht. Kleist hat sich mit seiner Geliebten erschossen, oder ich denke an Hölderlin ...
Wie geht man um mit seinem seelischen Rheuma, wie. Und im Grunde sitze ich auch heute noch in Wien genauso primitiv herum wie immer. Es gibt für nichts eine Lösung.

absehbar.
flächenmäßig.
feldstecher.
vollständig.
absichtslos.
planvoll.
beiliegend.
folglich.
eine gerade bildend.
einen ton unterschlagen.
der größenanordnung entsprechend.
beliebige frage.
geistig gerecht werden.

äußerst notwendig.
objektiv verwirklicht.
gesamtbild.
vierdimensional.
gestalten.
begrifflich formulieren.
daseinsberechtigung erhalten.
er starb wie er lebte.

The Best of H.C. Artmann,
Frankfurt a. M., 1975

Salzburg-Moos, 1993

Wien, 2000

Zum Tod von H.C. Artmann

Kein Dichter in diesem mit ihm zu Ende gehenden Jahrhundert hat so bedingungslos wie H.C. Artmann die Existenz und die Würde des Dichtens noch einmal vorgelebt. In keinem Dichter des Jahrhunderts kamen wie bei ihm noch einmal die Möglichkeiten des Dichtens in einer über tausendjährigen Tradition zusammen und zeigten sich wie gerade erst erschaffen, herrlich wie am ersten Tag.
Kein Dichter, auch Ezra Pound nicht, hat wie er auf andere gewirkt, weil er keine Richtung verfolgte, keine Prinzipien verkündete, außer solchen, die im nächsten Gedicht wieder aufgelöst werden konnten. So kam es, daß so viele Talente und große Begabungen sich von ihm herschreiben konnten, indem sie, durch ihn, zu ihrer eigenen Stimme fanden. Und das erstaunlichste: Er war ein altersloser Dichter, dessen Zeit immer gekommen war. Jede Generation, bis herab zur jüngsten, konnte mit ihm, durch ihn, den Funken der Dichtung neu entfachen. Erlauben Sie, daß ich eine Charakteristik H.C. Artmanns versuche, indem ich einige Stationen des großen Gedichts »Le Voyage« von Baudelaire nachzeichne:
Dem frühen Blick auf Landkarten und in Grammatiken erschien das Universum grenzenlos wie der eigene Appetit. Sein leichtes Herz schwang sich in Montgolfieren und ließ

sich treiben, wohin sein Verlangen ihn trieb: über Landschaften, die die Menschen nicht einmal dem Namen nach kennen. Er war immer schon woanders. In Irland fühlte er sich an Patagonien erinnert, im Midi leuchtete ihm ein schwedischer Mond, und daß Böhmen am Meer liegt, hat er nie bezweifelt. Dann wieder stand er unverhofft vor der Tür, die alte Reiseschreibmaschine in der einen, das Köfferchen mit dem Nötigsten in der anderen Hand – der leibhaftige Geist der Poesie.

H.C. Artmann, 1921 an einem erfundenen Ort geboren, aufgewachsen im Vorstadtmilieu von Wien-Breitensee und unter den böhmischen Schustergesellen der väterlichen Werkstatt, hörte sich schon als Kind ein in die Klangfarben der Dialekte, die Vielfältigkeit ihrer Intonationskurven, und lernte schon als Kind andere Sprachen, die zu eigenen wurden – jede neue Sprache eine neue Welt, andere Stimmungen, andere Phantasien, andere Gedächtnisse, anders verlaufende Grenzen. Sprachlehrbücher wurden seine Comics, die Detektivheftchen der Beweis für die Möglichkeit des Unmöglichen. Einen Unterschied zwischen »hoher« und »niederer« Kunst, zwischen dem Erhabenen und dem Trivialen, hat er nie gemacht, was ihn interessierte, waren die Äußerungsformen der Phantasie, als Lebensformen, als Gegenschöpfung, strikt anti-mimetisch, und da mochte das ungelenke Tafelbild auf einer Jahrmarktbude im Prater mehr schöpferische Energien auslösen als die Venus von Milo, die keinen mehr umarmt. Wer Entdeckungsreisender ist, staunt über die Gewandrüsche, Sandbilder oder gewieherte Gebete ebenso wie über die illuminierte Quadratschrift auf einer Kuhhaut.

Nach 1945, als die deutschsprachigen Schriftsteller ihre Vergangenheit bewältigten mit Mitteln, die realistisch »die Erfahrung«, »das Erlebnis« simulierten, wenn sie nicht am alten Wahren-Schönen-Guten wieder anknüpften, hatte Artmann schon begriffen, daß die Wirklichkeit einen unausdenkbaren Zustand des Grauens erreicht hatte, den ästhetisch zu verarbeiten oder gar zu verdoppeln nur barbarisch sein konnte. So fand er und erfand er ästhetische Wirklichkeiten, in denen alles Biographische, lyrisch Erlebnishafte bis auf Spuren zum Verschwinden gebracht war. Er entdeckte auf eigene Faust die verschütteten Schatzhäuser der Dadaisten und Surrealisten, der Expressionisten und »Poètes à l'Ecart«, entdeckte den unbekannten Lorca mit seinen Zigeunerweisen und den noch unbekannteren Ramón Gómez de la Serna der »Greguerias«, dieser Metaphern des Entlegensten, die wie eine Urzeugung der Artmannschen Poetik wirken – Wörter, die Unzucht treiben und denen er nur das Bett bietet, wie er später einmal schrieb. Artmann übersetzte und edierte, veranstaltete Lesungen im Wiener Art Club und tat sich mit Freunden zusammen – Gerhard Rühm, Konrad Bayer, Friedrich Achleitner, Oswald Wiener – zu dem, was später als die Wiener Gruppe bekannt wurde und woraus die innovativste Avantgardebewegung im deutschen Sprachraum hätte werden können, wenn sie angesichts der Reaktion eine Chance gehabt hätte und wenn sie vielleicht aus weniger anarchischen Talenten – lauter Einzelkämpfern – zusammengesetzt gewesen wäre. Mit Artmann jedenfalls war kein Staat zu machen, er war immer schon woanders. Die Gedichte, und bald auch lyrischen Prosastücke jener Jahre – im Ton und den formalen Möglichkeiten manchmal noch dem Gelesenen und Übersetzten angeähnelt – erschienen an abgelegenen Orten oder viel später in den großen Sammlungen, nachdem Freunde sie irgendwo ausgegraben hatten, oder sie gingen verloren. Nie ist einer nachlässiger mit seinen Manuskripten umgegangen. Es waren immer Rollen, in die er sich hineindichtete – der verliebte Schäfer, der Lautpoet, der Experimentator, der Spracherfinder, der persische Quatranist –, und wenn er die Rolle gespielt hatte, hängte er das Kostüm wieder in die Garderobe seines unerschöpflichen Fundus. Wozu also etwas speichern, wenn die nächste Rolle alle Phantasie verlangte? Außerdem reiste es sich besser mit leichtem Gepäck. Und was vermögen gehobene Schätze gegenüber dem Glücksspiel der Wolken? Rollen war vielleicht das falsche Wort, denn es waren ja keine Pastiches, die er schrieb, keine Arno Holzschen Simulationen, keine »Imitations«. Die Rolle, auch wenn sie als solche erkennbar bleibt wie die Wolke, ist immer im Fluß, und was eben noch als Walfisch erschien, war gleich darauf ein Wiesel. Es war die Leichtigkeit des Gleitens von einem Bild ins nächste, vom Lieblich-Idyllischen zum Fratzenhaft-Grotesken, vom Elegischen zum Vulgären, wie sie nur dieser »Meister der Himmelsrichtungen« verstand. Nie ließ sich vorhersehen oder auch nur ahnen, worauf etwas hinauslief, außer daß es anders sein würde, als man vielleicht erwartet hatte. Das gibt diesen Texten eine Frische, die Frische des dritten Schöpfungstages, als es an allen Ecken und Enden sproßte und knospte, die Gattungen und Arten noch nicht unterschieden, die Namen noch nicht gegeben waren. Es waren immer solche An- und Aufbrüche, die das geheime Kraftzentrum dieses Schreibens bildeten. Auch wenn sie Anfang und Ende haben, beginnen diese Texte irgendwo, wie der jähe Blick zum Himmel, und verlieren sich, wenn die Neugier genug erfahren hat, die ewigen Verschiebungen langweilig zu werden beginnen, sich zerfasern. Aber diese Ausschnitte, so lange sie dauern, haben die Aufmerksamkeit der Intensität erster Blicke. Das macht es auch unmöglich, von einer »Entwicklung« im Artmannschen Werk zu sprechen – er war immer ganz »da«, wohin es ihn auch verschlug, und niemals ist er in den gleichen Fluß gestiegen. Als

Jüngling hatte er schon die sichere Hand des Altmeisters, und als Patriarch hatte er die Begeisterungsfähigkeit eines, der eben auf seine erste Entdeckungsfahrt geht.
»Öfter die Länder als die Schule wechselnd« – trotz der Unstetigkeit hat sich ein beträchtliches Werk angesammelt. Es reicht von den populär gewordenen Dialektgedichten, die ihn 1958 mit einem Schlag berühmt machten, den experimentellen Gedichten der »flaschenposten«, über die komplizierten inneren »landschaften«, die bösen Kinderreime, die Balladen, die Haikus, bis zu den cirrushaft schwebenden, frei geschriebenen Versen des »albums«, in dem Zeilen stehen wie diese:

> ... maritime karten für kommende
> fort-reisen in meinen eigenen
> augen die nicht anderer leute
> fixsterne oder fenster sind
> sondern flugbares im wind ...

Nicht weniger reich ist die Prosa: barocke Husarengeschichten und eine weibliche Robinsonade; das schwedische Tagebuch, in dem die Beobachtungen wie Devisen zu verlorenen Stichen gesetzt sind; die Entdeckung und Poetisierung von Trivialmythen wie Dracula, Frankenstein, dem Werwolf; »Fleiß und Industrie«, das Buch der Stände, das eine Lesebuchwelt zusammenschreibt, wie sie Rimbauds Kinder vorm Bäckereifenster geträumt haben mögen, mit Bienenvätern und Vogelstellern, Fahnenträgern und Archenbauern; dann »Die Sonne war ein grünes Ei. Von der Erschaffung der Welt und ihren Dingen«, eine Erfindung der Welt, wie sie hätte sein können, wenn der Demiurg ein anderer gewesen wäre, wenn er die Mythen aus den vier Ecken der Welt gekannt und mit ihnen gewürfelt hätte, mit Lust am Neuen nebenbei und ohne das Termingeschäft von sechs Tagen; und schließlich noch einmal ein Neubeginn – »wo steckt das abhandengekommene?« – wie eine vorläufige Summa des lebenslang Umgetriebenen, für den am Ende der Unterschied zwischen Vers und Prosa keine Rolle mehr spielte: »Register der Sommermonde und Wintersonnen«. Wunderfrüchte hat er gesammelt, nach denen sein Herz hungerte, Steinzeitkiesel, die die Hand entziffert, und sie an den Nachmittagen ohne Ende aufgezeichnet in seiner Grasschrift, die glücklich liest, wem die Unhaltbarkeit des Reisens keine Angst mehr macht. »ariel ainnan: in sprachbrisen spricht er, schreibt er, auf höchster wolke federndem papier.«

Was noch? Es wäre so viel aufzuzählen, was er von seinen langen Wanderschaften mitgebracht hat – die Übersetzungen aus fast allen europäischen Sprachen, die Theaterstücke. Seine Reisen waren immer auch Zeitreisen auf eigene Faust – zu den Kelten der Tafelrunde des Königs Artus, auf den Hauenstein Oswalds von Wolkenstein, in das Paris François Villons, das Lappland Linnés –, aber es waren keine Reisen in die Vergangenheit, sondern in eine erweiterte, unvollendete Gegenwart. Und was er da fand, waren Annäherungen an etwas, das sich nicht nennen läßt. Heute würde man sagen: das Gleiten auf der Signifikantenkette. Denn der Horizont ist immer gleich weit entfernt. Da das so ist und da es aus dieser Schmach kein Entrinnen gibt, hat Dauer einzig das Flüchtigste. Das Wellengekräusel oder eben »flugbares im wind«.

Jetzt ist er selber »flugbares im wind«, Ariel, der zu den Elementen zurückkehrt, aus denen er kam, nachdem sein Amt auf Erden verrichtet war, nachdem er »airy nothings«, dem Stoff der Poesie, »a local habitation and a name« gegeben hatte.

Noch einmal hat er sich auf eine große Fahrt gemacht, ins Unbekannte, Unerkannte, nie Betretene. Vielleicht sprach er, als er aufbrach, die letzten Worte des großen Reise-Gedichts, im Plural majestatis, der einzig dem Dichter zusteht:

O Mort, vieux capitaine, il est temps! levons
l'ancre! ô Mort! Appareillons!
Nos coeurs que tu connais sont remplis de
rayons!
Nous voulons
Plonger
Au fond de l'inconnu pour trouver de nou-
veau

Ich verneige mich vor dir, großer Meister, großer Freund.

Klaus Reichert

16. Dezember 2000
Wien-Simmering, 14^{00} Uhr Verbrennungshalle

Anhang

Lebensdaten

H.C. Artmann

geboren am 12. 06. 1921 in Wien/Breitensee als Sohn des Schuhmachers Johann Artmann und dessen Frau Marie. Volks- und Hauptschule, drei jahre lang als Büropraktikant tätig. Außergewöhnliches Sprachgefühl, befaßt sich bereits frühzeitig mit Sprachen. 1940 zur deutschen Wehrmacht eingezogen, 1941 Kriegsverletzung, zweieinhalb Jahre in der Strafkompanie, 1945 in amerikanischer Kriegsgefangenschaft. Nach der Entlassung Aufenthalte in Regensburg, Ingolstadt und Rückkehr nach Wien; nach schriftstellerischen Versuchen als Schüler und während der Militärzeit erste Lyrik-Veröffentlichung 1947 im Radio Wien; literarische Aktivitäten um die Zeitschrift »Neue Wege« und im »Art Club«, nach 1949. Seit 1953 enge Kontakte zu Konrad Bayer und Gerhard Rühm (Konstituierung der sogenannten »Wiener Gruppe«); Gründung der »Kleinen Schaubühne«; 1954 Reisen nach Holland, Belgien, Frankreich, Italien; 1955 Spanienreise; erste Buchveröffentlichung: »med ana schwoazzn dintn« (1958). 1961 Übersiedlung nach Stockholm, 1962 in West-Berlin, 1963 Übersiedlung nach Lund, später nach Malmö, 1965 in Berlin, 196? Übersiedlung nach Graz, 1968 wieder in Berlin, danach ohne festen Wohnsitz, ab 1972 in Salzburg bzw. in Wien ansässig, Mitglied der Akademie der Künste, Berlin; Ehrendoktor der Paris Lodron-Universität Salzburg. Er lebte in Wien und Salzburg-Moos. Am 4. Dezember 2000 verstarb H.C. Artmann in Wien.

Preise/Auszeichnungen

1974 Großer Österreichischer Staatspreis des Bundesministeriums für Unterricht und Kunst für Literatur
1977 Würdigungspreis der Stadt Wien für Literatur
1978 Preis der Literatur-Initiative der Girozentrale Wien
1981 Ehrenring der Stadt Salzburg
1981 Rauriser Bürgerpreis für Literatur
1981 und 1991 Literaturpreis des Kulturfonds der Landeshauptstadt Salzburg
1983 Literaturpreis der Salzburger Wirtschaft
1984 Goldenes Ehrenzeichen des Landes Salzburg, Österreichisches Ehrenkreuz für Wissenschaft und Kunst
1986 Manuskripte-Preis für das Forum Stadtpark des Landes Steiermark
1986 Übersetzungsprämie des Bundesministeriums für Unterricht und Kunst
1986 Literaturpreis der Stadt Mainz
1987 Kunstpreis bildender Künstler aus Österreich und der BRD für einen hochgeschätzten und bewunderten Kollegen
1989 Literaturpreis des Kulturfonds der Landeshauptstadt Salzburg

1989 Franz-Nabl-Literaturpreis der Landeshauptstadt Graz
1991 Ehrenbecher des Landes Salzburg
1991 Österreichisches Ehrenzeichen für Wissenschaft und Kunst
1994 Friedestrom-Preis für Dialektdichtung des Kreises Neuss
1996 Goldenes Ehrenzeichen des Landes Kärnten
1996 Ehrenring der Stadt Wien
1996 Buchprämie des Bundesministeriums für Wissenschaft, Verkehr und Kunst
1997 Georg-Büchner-Preis für Literatur der Deutschen Akademie für Sprache und Dichtung
1997 Ehrenpreis des österreichischen Buchhandels für Toleranz in Denken und Handeln
1999 Literaturpreis des Landes Steiermark

Sprachen:

die er spricht bzw. liest:
arabisch, bretonisch, chaldäisch, dalmatinisch, estnisch, finnisch, georgisch, huzulisch, irisch, jütländisch, kymerisch, lettisch, malaiisch, norwegisch, ottakringisch, piktisch, qumranisch, rätoromanisch, suaheli, türkisch, urdu, vedisch, wendisch, xuatl, yukatanisch, zimbrisch.

aus denen er übersetzt hat:
dänisch, englisch, französisch, gälisch, jiddisch, niederländisch, schwedisch, spanisch.
(aus: »salz« nr. 84. Salzburg. 1996. Aktualisiert von sfd)

Werkverzeichnis

Bücher

»med ana schwoazzn dintn. gedichta r aus bradnsee.« Salzburg: Otto Müller, 1958

»hosn rosn baa.« Wien: Frick, 1959; mit 3 Single-Schallplatten. (Zusammen mit Friedrich Achleitner/Gerhard Rühm)

»Von denen Husaren und anderen Seil-Tänzern.« München: Piper, 1959. Neuausgabe, Frankfurt am Main: Suhrkamp, 1971. Bibliothek Suhrkamp 269

»die fahrt zur insel nantucket.« Theater. Wien: edition 62, 1962. Nr. 1. Neuausgabe mit einem Vorwort von Peter O. Chotjewitz, Neuwied/Berlin: Luchterhand, 1969

»kleine percussionslehre« Wien: edition 62, 1962. Nr. 2

»Artmann Brief.« Mappe mit einer farbigen Lithographie von Wolfgang Bayrle. Bad Homburg: Gulliver-Presse, 1964. Neuausgabe, München: Renner, 1991

»das suchen nach dem gestrigen tag oder schnee auf einem heißen brotwecken. eintragungen eines bizarren liebhabers.« Olten/Freiburg im Breisgau: Walter, 1964. Walter Druck 1. Neuausgabe, Neuwied/Berlin: Luchterhand, 1971. Sammlung Luchterhand 15. Taschen-buchausgabe, München: Goldmann, 1978. Goldmann Taschenbücher 7013

»Dracula Dracula. ein transsylvanisches Abenteuer.« Mit 14 Radierungen von Uwe Brenner. Berlin: Rainer, 1966. Faksimileausgabe, Berlin: Rainer/Meilen. Zürich: Magica, 1969. Neuausgabe mit Beiträgen von Dieter Sturm/ Klaus Völker, Wien: Edition S, 1988; mit Tonkassette

»persische qvatrainen. ein kleiner divan.« Hommerich: collispress, 1966

»verbarium.« Gedichte. Mit einem Nachwort von Peter Bichsel. Olten/Freiburg im Breisgau: Walter, 1966

»auf den leib geschrieben.« Hamburg: Merlin, 1967. Merlin-Leporello 3

»tök ph'rong süleng.« München: Hartmann, 1967

»allerleirausch. neue schöne kinderreime.« Berlin: Rainer, 1967. Neuauflage 1968. Neuausgabe, Erlangen: Renner, 1978

»Grünverschlossene Botschaft. 90 Träume.« Gezeichnet von Ernst Fuchs. Salzburg: Residenz, 1967. Taschenbuchausgabe, Frankfurt am Main: Suhrkamp, 1972. suhrkamp taschenbuch 82. Neuausgabe, Salzburg/Wien: Residenz, 1989

»Fleiß und Industrie. Ein Buch der Stände.« 30 Prosastücke. Frankfurt am Main: Suhrkamp, 1967. Taschenbuchausgabe, Frankfurt am Main: Suhrkamp, 1969. Edition Suhrkamp 320

»shâl-i-mâr. persische qvatrainen zweiter teil.« Hommerich: collispress, 1967. Neuausgabe, »Sämtliche persische qvatrainen.« Stuttgart: collispress, 1978. Collisbibliothek 2

»der handkolorierte menschenfresser.« Illustrationen von Patrick Artmann. Stuttgart: collispress, 1968. Neuauflage, 1984

»Mein Erbteil von Vater und Mutter.« Überlieferungen und Mythen aus Lappland. Mit Original-Linolschnitten von Ali Schindehütte. Hamburg: Merlin, 1969

»Die Anfangsbuchstaben der Flagge. Geschichten für Kajüten, Kamine und Kinositze.« Salzburg: Residenz, 1969. Taschenbuchausgabe, München: Deutscher Taschenbuch Verlag, 1970. dtv Sonderreihe 85

»Frankenstein in Sussex./Fleiß und Industrie.« Frankfurt am Main: Suhrkamp, 1969. edition suhrkamp 320. Neuausgabe, »Frankenstein in Sussex.« Mit Illustrationen von Hans Arnold. München/Wien: Lentz, 1969 und Frankfurt am Main: Suhrkamp, 1988. Bibliothek Suhrkamp 691

»kleinere taschenkunststücke. fast eine chonoiserie.« Wien: Universal Edition, 1969. Neuausgabe, Wollerau/Wien/ München: Lentz, 1973. Edition Lentz 1

»ein lilienweißer brief aus lincolnshire.« Gedichte aus 21 Jahren. Hrsg. und mit einem Nachwort von Gerald Bisinger. Frankfurt am Main: Suhrkamp, 1969. Taschenbuchausgabe, Frankfurt am Main: Suhrkamp, 1978. suhrkamp taschenbuch 498

»Das im Walde verlorene Totem.« Prosadichtungen 1949–1953. Salzburg: Residenz, 1970. Taschenbuchausgabe, München: Deutscher Taschenbuch Verlag, 1972. dtv Sonderreihe 112

»The Best of H. C. Artmann.« Hrsg. von Klaus Reichert. Frankfurt am Main: Suhrkamp, 1970. Taschenbuchausgabe, Frankfurt am Main: Suhrkamp, 1975. suhrkamp taschenbuch 275

»Walter Schmögners Böse Bilder. Brave Worte von H. C. Artmann.« Wien/München: Jugend und Volk, 1970

»Yeti oder John, ich reise.« Illustrationen von Karlheinz Pilcz. München: Willing, 1970. (Zusammen mit Rainer Pichler/Hannes Schneider)

»Detective Magazine der 13.« Hrsg. von H. C. Artmann Esq. Salzburg: Residenz, 1971. Taschenbuchausgabe, München: Deutscher Taschenbuch Verlag, 1974. dtv 983

»How much, schatzi?« Frankfurt am Main: Suhrkamp, 1971. Taschenbuchausgabe, Frankfurt am Main: Suhrkamp, 1973. suhrkamp taschenbuch 136

»Der aeronautische Sindtbart oder Seltsame Luftreise von Niedercalifornien nach Crain. Ein Fragment, von dem autore selbst aus dem yucatekischen anno 1958 ins teutsche gebracht, sowie edirt & annotiert durch Klaus Reichert.« Salzburg: Residenz, 1972. Taschenbuchausgabe, München: Deutscher Taschenbuch Verlag, 1975. dtv 1067

»Ompül.« Gemalt von Sita Jucker. Zürich/München: Artemis, 1974

»Unter der Bedeckung eines Hutes.« Montagen und Sequenzen. Salzburg: Residenz, 1974. Taschenbuchausgabe, Frankfurt am Main: Suhrkamp, 1976, suhrkamp taschenbuch 337

»Aus meiner Botanisiertrommel.« Balladen und Naturgedichte. Salzburg: Residenz, 1975. Taschenbuchausgabe, München: Deutscher Taschenbuch Verlag, 1978. dtv 1369. Neuausgabe, Salzburg/Wien: Residenz, 1984. Neuausgabe, Wien: Edition S, 1987. (Mit Tonkassette)

»Christopher und Peregrin und was weiter geschah. Ein Bären-Roman in drei Kapiteln.« Bilder von George Martyn. Frankfurt am Main: Insel, 1975. Taschenbuchausgabe, 1980. insel taschenbuch 488. (Zusammen mit Barbara Wehr)

»Gedichte über die Liebe und die Lasterhaftigkeit.« Ausgew. von Elisabeth Borchers. Frankfurt am Main: Suhrkamp,

1975. Bibliothek Suhrkamp 473. Taschenbuchausgabe, 1984. suhrkamp taschenbuch 1033

»Rixdorfer Laboratorium zur Erstellung von literarischen & bildnerischen Simultan-Kunststücken.« (1.) in der Fachwerkstatt Rixdorfer Drucke auf Schloss Gümse vom 8. bis 18. Juni 1975. Vorwort von Andreas J. Meyer. Illustrationen von Uwe Bremer (u. a.). Hamburg: Merlin, 1975. (Zusammen mit Nicolas Born/Kai Hermann)

»Die Heimholung des Hammers.« Wien: Hilger, 1977. (Zusammen mit Uwe Bremer)

»Die Jagd nach Dr. U. oder Ein einsamer Spiegel, in dem sich der Tag reflektiert.« Salzburg: Residenz, 1977. Taschenbuchausgabe, München: Deutscher Taschenbuch Verlag, 1981. dtv. neue reihe 6306

»Nachrichten aus Nord und Süd.« Salzburg: Residenz, 1978. Taschenbuchausgabe, München: Deutscher Taschenbuch Verlag, 1981. dtv. neue reihe 6317

»Zum Glück gibt's Österreich.« Essay von H. C. Artmann. Cartoons von Bugatti. Salzburg: Edition Reinartz, 1978

»Grammatik der Rosen.« Gesammelte Prosa in 3 Bänden. Hrsg. von Klaus Richert. Salzburg/Wien: Residenz, 1979

»Die Wanderer.« Erlangen/München: Renner, 1979

»Kein Pfeffer für Czermak. Ein Votivsäulchen für das goldene Wiener Gemüt.« Wien/München: Sessler, 1980

Franz Stelzhammer: »Lieder und Gedichte.« Hrsg. von H. C. Artmann. Schärding: Heindl, 1981

»Die Sonne war ein grünes Ei. Von der Erschaffung der Welt und ihren Dingen.« Salzburg/Wien: Residenz, 1982. Neuauflage, 1985. Taschenbuchausgabe, Frankfurt a.M./Berlin: Ullstein, 1986. Ullstein Buch 26114

»Im Schatten der Burenwurst. Skizzen aus Wien.« Mit 15 Zeichnungen von Ironimus. Salzburg/Wien: Residenz, 1983. Taschenbuchausgabe, München: Deutscher Taschenbuch Verlag, 1986. dtv 10586

»Triumph des Herzens. Salonmalerei & Kitsch & Kuriosa.« München: Galerie Klewan, 1983

»das prahlen des urwaldes im dschungel.« Berlin: Rainer, 1983

»Artmann, H. C., Dichter.« Ein Album mit alten Bildern und neuen Texten. Hrsg. von Jochen Jung. Salzburg/Wien: Residenz, 1986

»nachtwindsucher.« Einundsechzig österreichische Haiku. Berlin: Rainer, 1984. Neuauflage, 1986

»Der handcolorierte Menschenfresser.« Ausgewählte Prosa. Hrsg. von Rainer Fischer. Berlin: Volk und Welt, 1985

»wer dichten kann ist dichtersmann.« Eine Auswahl aus dem Werk. Hrsg. von Christina Weiss und Karl Riha. Stuttgart: Reclam, 1986. Reclams Universalbibliothek 8264

»gedichte von der wollust des dichtens in worte gefaßt.« Frankfurt a.M.: Suhrkamp, 1988. Neuausgabe, Salzburg/Wien: Residenz, 1989

»Vier Scharniere mit Zunge.« Renshi-Kettendichtung. München: Renner, 1988. (Zusammen mit Makoto Ooka/ Oskar Pastio/Shuntaro Tanikawa)

»Von einem Husaren, der seine guldine Uhr in einem Teich oder Weiher verloren, sie aber nachhero nicht wiedergefunden hat.« Mit 14 Original-Holzschnitten von Christian Thanhäuser. Ottensheim: Edition Thanhäuser, 1989. Neuausgabe, Salzburg: Otto Müller, 1990

»Wenn Du in den Prater kommst.« Gedichte. Hrsg. von Richard Peitraß. Berlin: Volk und Welt, 1989

»Erotika.« Zeichnungen und Texte zu Casanova. Übersetzt von Giancarlo Mariani. Bozen: Edition Roetia, 1991. (Zusammen mit Markus Vallazza)

»Wiener Vorstadtballade.« Ein Spaziergang rund um den Galizinberg. Mit Fotografien von Franz Hubmann. Salzburg: Otto Müller, 1991

»Der zerbrochene Krug.« Nach Heinrich von Kleist. Salzburg. Wien 1992

»Die Zerstörung einer Schneidepuppe.« Poetisches Theater. München. 1992

»Holzrausch.« Gedichte. Ottensheim. 1992

»Das poetische Werk in zehn Bänden.« Gesammelte Gedichte. Berlin. München. 1994

»Register der Sommermonde und Wintersonnen.« Salzburg. Wien. 1994

»Nebel und Petunien.« Ottensheim. 1995

»Was sich im Fernen abspielt.« Gesammelte Geschichten. Salzburg. Wien. 1995

Stücke:

kein pfeffer für czermak. Ein Votivsäulchen für das goldene Wiener Gemüt. Posse. Wien. 1958

dracula dracula. ein transsylvanisches abenteuer. Theater im Europa Center. 1966

Strip oder wer unter den menschenfressern erzogen, dem schmeckt keine zuspeis. Comic Opera. Libretto: H.C. Artmann, Regie: Winfried Bauernfeind, Vertonung: Gerhard Lampersberg. Ost-Berlin: Studio der Deutschen Oper Berlin in der Akademie der Künste. 1967

Lob der Optik. Aufbruch nach Amsterdam. Die Mißglückte Luftreise. Nebel und Blatt. Vier Einakter: Wien: Experiment am Lichtenwerd. 1970

off to liverpool. Einakter. Regie: Georg Madeja. Wien arena 70. 1970

punch. Einakter. Zürich: Neumarkttheater: 1970

erlaubent, schas, sehr heiß bitte. Eine musikalische Notwendigkeit von Daniel Graf auf ein Gleichnis von H.C. Artmann. Regie: Werner Wöss. Graz: Schauspielhaus. 1974

Übersetzungen

»der schlüssel des heiligen patrick.« religiöse dichtungen der kelten. Salzburg: Otto Müller, 1959

Francisco Gómez de Quevedo y Villegas: »Der abenteuerliche Buscón ...« Frankfurt am Main: Insel, 1963, Taschenbuchausgabe, 1980. insel taschenbuch 459

»Edward Lear's Nonsense Verse.« Mit fünfzehn Zeichnungen des Autors. Hrsg. von Klaus Reichert. Frankfurt am Main: Insel, 1964. Insel-Bücherei 813. Neuauflage, 1980

Carl von Linné: »Lappländische Reise.« Mit Zeichnungen des Autors. Frankfurt am Main: Insel, 1064. Taschenbuchausgabe, 1974. insel taschenbuch 102 (Zusammen mit Helli Clervall)

Daisy Ashford: »Junge Gäste oder Mr. Salteenas Plan.« Ein Liebes- und Gesellschaftsroman um 1900 geschrieben von D. A. im Alter von 9 Jahren. Illustrationen von Heather Corlass. Olten/Freiburg im Breisgau: Walter, 1965

Tage Aurell: »Martina.« Frankfurt am Main: Suhrkamp, 1965. Bibliothek Suhrkamp 166

»Je länger ein Blinder lebt, desto mehr sieht er.« Jiddische Sprichwörter. Jiddisch und deutsch. Hrsg. von Hanan J. Ayalti. Frankfurt a. M.: Insel, 1965. Insel-Bücherei 828. Neuaufl. 1980

Daisy und Angela Ashford: »Liebe und Ehe.« Drei Geschichten. Mit 16 Illustrationen von Ralph Steadman. Frankfurt am Main: Insel, 1967. Insel-Bücherei 897

Harry Graham: »Herzlose Reime für herzlose Heime.« Zeichnungen von H. G. Zürich: Diogenes, 1968

Howard Phillips Lovecraft: »Cthulhu.« Geistergeschichten. Frankfurt am Main: Suhrkamp, 1968. Taschenbuchausgabe, 1972. suhrkamp taschenbuch 29. Neuauflage, 1975

François Villon: »Baladn.« In Wiener Mundart. Frankfurt am Main: Insel, 1968. Insel-Bücherei 883

Daisy Ashford: »Wo Lieb am tiefsten liegt.« Mit 17 Illustrationen von Ralph Steadman. Frankfurt am Main: Insel, 1969. Insel-Bücherei 940

Carlo Goldoni: »Der Lügner.« Wien: Universal Edition, 1969

Molière: »George Dandin oder Der genasführte Ehemann.« Wien: Universal Edition, 1969

Eugène-Marin Labiche: »Der prix Martin.« Wien: Universal Edition, 1970

Eugène-Marin Labiche: »Die Jagd nach dem Raben.« Wien: Universal Edition, 1970. (Zusammen mit Barbara Wehr)

Lars Gustafsson: »Die nächtliche Huldigung.« Schauspiel in zwei Akten. Neuwied/Berlin: Luchterhand, 1971

Cyrill Tourneur: »Tragödie der Rächer.« Wien: Universal Edition, 1971

Lope de Vega: »Der Kavalier vom Mirakel.« Wien: Universal Edition, 1972

Molière: »Arzt wider Willen.« Bühnenfassung: Herbert Wochinz. Wien: Universal Edition, 1972

Alfred de Musset: »Die Wette.« Bühnenfassung: Herbert Wochinz. Wien: Universal Edition, 1972

Ludvik Holberg: »Henrik und Pernilla.« Bühnenfassung: Herbert Wochinz. Wien/München: Sessler, 1972

Tirso de Molina: »Don Gil von den grünen Hosen.« Bühnenfassung: Herbert Wochinz. Wien: Universal Edition, 1972

Beaumarchais: »Der tolle Tag.« Bühnenfassung: Herbert Wochinz. Wien: Universal Edition, 1973

Eugène-Marin Labiche: »Die Reise des Herrn Perrichon.« Lustspiel in vier Akten. Bühnenfassung: Herbert Wochinz. Wien: Universal Edition, 1973

Pierre Carlet Chamblain de Marivaux: »Liebe und Zufall.« Bühnenfassung: Herbert Wochinz. Wien: Universal Edition, 1973

Molière: »Die Streiche des Scapin.« Bühnenfassung: Herbert Wochinz. Wien: Sessler, 1973

Agustín Moreto y Cavana: »Der unwiderstehliche Don Diego.« Bühnenfassung: Herbert Wochinz. Wien: Universal Edition, 1973

August Strindberg: »Schwanenweiß.« Wien/München: Sessler, 1973

Georges Feydeau: »Die Katze im Sack.« Wien/München: Sessler (o. J.)

Carlo Goldoni: »Das Kaffeehaus.« Wien/München: Sessler (o. J.)

Ludvig Holberg: »Jeppe vom Berge.« Wien/München: Sessler (o. J.)

Ludvig Holberg: »Der großsprecherische Soldat.« Wien/ München: Sessler (o. J.)

Lope de Vega: »Der Kavalier aus Flandern.« Wien/München: Sessler (o. J.)

Molière: »Don Juan.« Wien/München: Sessler (o. J.)

Carl Michael Bellmann: »Der Lieb zu gefallen.« Eine Auswahl seiner Lieder. Musikalische Bearbeitung von Johannes Heimrath. Illustrationen von Johan Tobias Sergel und anderen. München: Heimeran, 1976. Taschenbuchausgabe, Frankfurt a. M.: Fischer, 1980. Fischer Taschenbuch 2961. (Zusammen mit Michael Korth)

Ludvig Holberg: »Der Konfuse.« Wien/München: Sessler, 1976. (Zusammen mit Herbert Wochinz)

Paol Keineg: »Der Fest der roten Mützen.« Wien/München: Sessler, 1976. (Zusammen mit Barbara Wehr)

Terence Hanbury White: »Der König auf Camelot.« 2 Bände. Übersetzung der Verse. Stuttgart: Klett, 1976

Jean Giraudoux: »Die Irre von Chaillot.« Ins Wienerische übersetzt und für das Theater in der Josefstadt bearbeitet von H. C. Artmann. Zürich: Europa Verlag, 1977

Molière: »Der Geizige.« Wien/München: Sessler, 1979

dto.: »Der eingebildete Kranke.« Wien/München: Sessler, 1979

Eugène-Marin Labiche: »Der Florentinerhut.« Wien/München: Sessler, 1981

Carolo Goldoni: »Der Diener zweier Herren.« Wien/München: Sessler, 1981

Ruzzante (= Angelo Beolco): »La Moscheta.« Wien/München: Sessler, 1983

Howard Phillips Lovecraft: »Der Schatten aus der Zeit.« Geschichten kosmischen Grauens aus dem Cthulhu-Mythos. Frankfurt a.M.: Suhrkamp, 1986. (Zusammen mit Rudolf Hermstein)

Georges Feydeau: »Einer muß der Dumme sein.« Wien/München: Sessler, 1987

Georges Feydeau: »Liebe und Klavier.« Wien/München: Sessler, 1988

Georges Feydeau: »Der Rohdiamant.« Wien/München: Sessler, 1988

5 Stücke von Goldoni, übersetzt von H. C. Artmann, Residenz Verlag, 2001

Hörspiele

interior fotografico. SDR. WDR. 1957

erlaubent, schas, sehr heiß bitte. SDR. WDR. 1963

am wunderschönen flusse pruth oder des zaren dach. Regie: Peter Zwetkoff. NDR. RB. SDR. 1971

das donauweibchen, 1971

die ungläubige colombina. interior fotografico. erlaubent, schas, sehr heiß bitte. Regie: Otto Düben, Peter O. Chotjewitz, Raoul Wolfgang Schnell. SDR. WDR. 1971

die schwalbe. Regie: Otto Düben. SDR. 1973

kleinere taschenkunststücke. ORF Niederösterreich. 1973

kein pfeffer für czermak. Regie: H. Hartwig. ORF Steiermark. 1988

off to liverpool. Regie: Klaus Gmeiner. ORF Salzburg. 1991

Film- und Fernsehproduktionen

»bradnsee.« Gesendet am 25. Juni 1958, ORF. (Manuskript verschollen)

»das donauweibchen.« Regie: Wolfgang Glück. Gesendet am 1. April 1960, ORF, und am 9. Juni 1991, ORF. (Zweitfassung des von Artmann und Rühm gemeinsam geschriebenen Fernsehdramoletts)

»aus dem Nachtstudio.« Gesendet am 22. Februar 1968, ORF

»Die Moritat vom Räuberhauptmann Johann Georg Grasl.« Von Friedrich Polakovics und H. C. Artmann. Gesendet am 2. Juli 1969, ORF/FS 1. (Manuskript verschollen)

»Zu Gast bei H. C. Artmann.« Nach einem Manuskript von Hermann Lein. Gesendet am 9. Juni 1970, ORF/FS 2

Aljosha Popensohn: »Das Fest der fetten Weiber.« Ausschnitte gelesen von Aljosha Popensohn und H. C. Artmann. Eine Sendung von Gerold Kirchmayer. Gesendet in ›Impulse‹ am 15. November 1973, ORF/FS 2

»Reisen mit H. C. Artmann. Der Poet in Irland.« Regie: Rosemarie und Hans Christof Stenzel. Gesendet am 25. April 1974, ORF/FS 1. Als Beilage einer Teilauflage des

Buchs »POEtarium« unter dem Titel »Staub der an Asche erinnert«: München: Distelfilm, 1991

»Vorstadtballade.« Regie: Wolfgang Lesowsky. Gesendet in »Sonntag um sechs« am 19. Mai 1974, ORF/FS 1

»Forum – Stadtpark – Dichter.« Regie: Ferry Radax. Gesendet am 31. August 1975, ORF/FS 1

»Hasard und Entenbraten.« Von und mit H. C. Artmann. Nach Motiven aus »How much, schatzi?«. Regie: Ferry Radax. Gesendet am 22. Jänner 1975, ORF/FS 1

»Aus meiner Botanisiertrommel.« Naturballaden. Von und mit H. C. Artmann. Regie: Georg Madeja. Gesendet in »Literaricum«, 19. April 1976, ORF/FS 1

»kleinere taschenkunststücke.« fast eine chinoiserie. Film mit Karl Merkatz nach einem Text von H. C. Artmann. Gesendet am 16. März 1977, ORF/FS 2

»Autorenrätsel.« Gesendet in »Steckbrief« am 24. und 31. Mai 1977, ORF/FS 1

»So oder so ist das Leben.« Portrait eines österreichischen Dichters. Regie: Veit Relin. Drehbuch: H. C. Artmann. Entstanden 1973, gedreht 1977

»Der H. C. Portrait eines österreichischen Dichters.« Gesendet in »Panorama« am 10. Oktober 1978, ORF/FS 1

»Mylady mit dem blauen Hut.« Erhard Koren liest Texte von H. C. Artmann. Gesendet in »Überblick« am 20. Mai 1979, ORF/FS 2

»Phänomen Dracula.« Regie: Richard Blank. Mit H. C. Artmann. Gesendet am 26. Juli 1979, ARD

»H. C. Artmann.« Regie: Hermann Jauk. Gesendet in ›Die Welt des Buches‹ am 9. November 1979, ORF/FS 2

»Die schönen Seiten der Luftpost.« Regie: Michael Wandt. Mit H. C. Artmann. Gesendet am 5. Februar 1980, BR III

»bei de japana ...« Haiku von H. C. Artmann. Fernsehwerbung der Firma Humanic. Gesendet 1980, ORF

»... und hab' nur mehr ein bitteres Lachen.« Ein Portrait H. C. Artmanns von Brita Steinwendtner. Gesendet am 28. November 1986, ORF/FS 1

»Erlaubent, Schas, sehr heiß bitte.« Theaterstück von H. C. Artmann in einer Inszenierung des Neumarkt Theaters in Zürich. Gesendet am 28. November 1986, ORF/FS 1

»Der Cid.« Dokumentation über H. C. Artmann. Gesendet in den »Kunststücken« am 4. November 1988. ORF/FS 2

»Wie ein Vogel singt.« Krista Fleischmann im Gespräch mit H. C. Artmann. Gesendet in »Ich über mich« am 9. Juni 1991, ORF/FS 1

Tonträger

»med ana schwoazzn dintn.« Aus dem Buch lesen H. C. Artmann und Friedrich Polakovics. Salzburg: Otto Müller, 1959

»auf ana schwoazzn blotn: gedichta r aus bradnsee.« Polakovics liest Artmann. Salzburg: Otto Müller, 1960, Amadeo 2025-X

»hosn rosn baa.« Beilage zur Buchpublikation. Wien: Frick, 1959. 3 Single-Schallplatten. (Zusammen mit Friedrich Achleitner/Gerhard Rühm)

»Kinderverzahrer und andere Wiener.« Helmut Qualtinger singt Lieder nach Texten von H. C. Artmann. Musik: Ernst Kölz. 1963, Preiser Records FEP 524/PR 1724

»Villon übersetzt von Artmann, gesprochen von Qualtinger, mit Jazz von Fatty George.« Vorspiele Ernst Kölz. 1964, Preiser Records SPR 3037

»Helmut Qualtinger singt schwarze Lieder.« Texte von H. C. Artmann und Gerhard Rühm. Musik: Ernst Kölz. 1966, Preiser Records SPR 3140

»Will Elfes-Songs – Der General.« Nach Texten von Gisela Pfeiffer und H. C. Artmann. 1972, Calig-Verlag CAL 30650

»Allerleirausch.« Jutta Schwarz liest Märchen und Gedichte von H. C. Artmann. Musik: Heinz Karl Gruber. 1973, Preiser Records SPR 3209

»Gott schütze Österreich durch uns.«: Alexander, H. C. Artmann, Wolfgang Bauer, Jodik Blapik, Günter Brus, Ernst Jandl, Friederike Mayröcker, Hermann Nitsch, Gerhard Rühm, Aloisius Schnedel. Szenen, Dialektgedichte, Sprachübungen, Musiken, Urteile, Montagen. 1974, Klaus Wagenbach WA 12. (Quartplatte 12)

»H. C. Artmann liest ›Kein Pfeffer für Czermak‹ von H. C. Artmann.« 1975, Intercord Litera Serie 26 551–2 H

»Carl Michael Bellmann – Der Lieb zu gefallen.« Hrsg. von Bärengässlin. Musizierte Lieder in der Nachdichtung durch H. C. Artmann und Michael Korth. Für die Gitarre gesetzt von Johannes Heimrath. 1978, pläne G 1 0055

»A Gedicht fia d'Moni.« Auf: André Heller: »Bei lebendigem Leib.« 1975, Intercord 26456-4 Z/1-2

»Rondeau.« Auf: André Heller: »Verwunschen.« 1980, Intercord-Mandragora INT 160 152

Artmann, H. C./Bauer, Wolfgang: »Hirn mit Ei.« Lyrik und Jazz. Schallplattenaufnahme einer Live-Veranstaltung 1981. Graz: Droschl. (Manuskripte Ed.)

»Aus meiner Botanisiertrommel.« Ausgewählte Lieder. 16 Gedichte vertont und gesungen auf einer unveröff. Musikkassette des Sessler-Verlages. Wien: Verlag der Österreichischen Staatsdruckerei, 1989. (Edition S. Text & Ton)

»Dracula Dracula. Ein transsylvanisches Abenteuer.« Wien: Verlag der Österreichischen Staatsdruckerei, 1989. (Edition S. Text & Ton)

H. C. Artmann liest Artmann. Produktion: ORF 1996, © DHC DrHörVerlag GmbH, Stuttgart, 1996

Lehrtätigkeit

Internetklassen:

Übung zur Montagetechnik, 1997

http://sfd.at/archiv/klasse97

Asterix und Obelix ins Wienerische übersetzen, 2000

http://sfd.at/akademie/db/artmann

Video: April-Akademie 1992; H.C. Artmann beim Roundtable-Gespräch mit Studenten (c) sfd (Abk: Schule für Dichtung), Kamera: Charley Eybl

Video: September-Akademie 1992; Klassenpräsentation (c) sfd, Kamera: Wolfgang Svatek

Video: April-Akademie 1993; Meierei im Wiener Stadtpark; H.C. Artmann liest »aus meiner botanisiertrommel. balladen und naturgedichte«, Kamera: Charley Eybl

Video: Analoge Lehrtätigkeit

H.C. Artmann gehörte seit der ersten Akademie im April 1992 zum ständigen Lehrkörper der sfd. Seine bisherigen Klassen waren:

7.–11. April 1992, Wien

Titel: Roundtable-Gespräch

Klasse: dt.

Die Teilnehmer und Teilnehmerinnen haben Gelegenheit, Artmanns reichen Erfahrungsschatz zu öffnen. (Das Daimonion des Poeten: nicht lehrbar, nicht lernbar). Voraussetzung: eine gewisse Begabung zur Zwanglosigkeit.

8.–19. September 1992, Wien

Titel: Poetik des In-Sich-Horchens

Klasse: Lyrikklasse, dt.

Motto: »der dichter ist voller wissen, / aber er darf sich nichts darauf einbilden, / denn es ist vielleicht nicht das seine: / eine unbekannte kraft, / ein geist redet durch seinen mund...« (vicente aleixandre)

Fortsetzung täglich in einem der benachbarten Kaffeehäuser.

6.–17. April 1993, Wien

Titel: Über Montagetechnik

Klasse: Lyrik-, Prosaklasse, dt.

Zur Geschichte, Theorie und Praxis der Montagetechnik am Beispiel einzelner Arbeiten der Wiener Gruppe.

Lesevorschlag: G. Rühm: Die Wiener Gruppe.

Fortsetzung täglich in einem der benachbarten Kaffeehäuser.

4.–10. Juli 1993, Neuberg an der Mürz/Steiermark
Titel: Über Montagetechnik
Klasse: Lyrik-, Prosaklasse, dt.
Lesevorschlag: Gerhard Rühm: Die Wiener Gruppe.

7.–18 September 1993, Wien
Titel: Lyrik: Entwurf und Ausarbeitung
Klasse: Lyrikklasse, dt.
Freie Diskussion anhand der eingereichten Arbeiten.

3.–9. Juli 1994, Mürzzuschlag/Steiermark
Titel: Lyrische Aufbau-Werkstatt
Klasse: Lyrikklasse, dt.
Beginnend mit Haiku und 4-Zeilern: Konzentration auf Knappheit, Verknappung.
Skelettierung von Texten. Bis hin zu freien Strophen und längeren Formen. »geht es nach der lehre der alten weisen, dann ist die leere brieftasche der schlüssel zum glück.« (H. C. Artmann, im November 1993, unveröffentlicht) »der blinde hat das nachsehen.« (H. C. Artmann, im November 1993, unveröffentlicht)

6.–17. September 1994, Wien
Titel: Lyrik und Metapher
Klasse: Lyrikklasse, dt.
Über die Verbildlichung abstrakter Sachverhalte durch Ausdrücke aus einer anderen Sphäre.
Vorkenntnisse erforderlich

3.–16. Oktober 1995, Frankfurt am Main
Titel: Einführung in die poetische Basisarbeit!
Klasse: dt.
Text: Lesevorschlag zur Vorbereitung: Mittelhochdeutsche Literatur, Minnelyrik, geistige Lyrik, Wolkenstein; zweisprachig mit hochdeutscher Übersetzung.

16.–26. September 1996, Wien
Titel: Einführung in die poetische Basisarbiet II
Klasse: dt.
Weitere Lesevorschläge, literarische Gespräche.

Literaturverzeichnis

H.C. Artmann
Gedichte über die Liebe und über die Lasterhaftigkeit
suhrkamp taschenbuch 1033
Suhrkamp Verlag, Frankfurt a.M. 1975

H.C. Artmann
Nachrichten aus Nord und Süd
Residenz Verlag, Salzburg und Wien 1978

The Best of H.C. Artmann
suhrkamp taschenbuch 1975
Suhrkamp Verlag, Frankfurt a.M. 1975

hans carl artmann
verbarium
Gedichte
Walter Verlag AG, Olten 1966

Artmann H.C., Dichter
Ein Album mit alten Bildern und neuen Texten
Residenz Verlag, Salzburg und Wien 1986

H.C. Artmann
Fleiß und Industrie
Suhrkamp Verlag, Frankfurt a.M. 1967

H.C. Artmann
Grammatik der Rosen
Gesammelte Prosa
Band 1 bis 3
Residenz Verlag, Salzburg und Wien 1979

H.C. Artmann
GEDICHTE von der wollust des dichtens, in worte gefaßt von H.C. Artmann
Residenz Verlag, Salzburg und Wien 1989

Von denen Husaren und anderen Seiltänzern von H.C. Artmann
Piper Verlag, München 1959

H.C. Artmann
»wer dichten kann ist dichtersmann«
Reclam Verlag, Stuttgart 1986

H.C. Artmann
Wiener Vorstadtballade
Otto Müller Verlag, Salzburg 1991

H.C. Artmann
Das im Walde verlorene Totem
Prosadichtungen 1949–1953
Residenz Verlag, Salzburg 1970

H.C. Artmann
Grünverschlossene Botschaft
90 Träume
Residenz Verlag, Salzburg und Wien 1967

H.C. Artmann
Die Sonne war ein grünes Ei
Von der Erschaffung der Welt und ihren Dingen
Residenz Verlag, Salzburg und Wien 1982

Villon Baladn
In Wiener Mundart von H.C. Artmann
Insel Verlag, Frankfurt a.M. 1968

H.C. Artmann
ein lilienweißer brief aus lincolnshire
gedichte aus 21 Jahren
Suhrkamp Verlag, Frankfurt a.M. 1969

Die Wiener Gruppe
Achleitner-Artmann-Bayer-Rühm-Wiener
Texte, Gemeinschaftsarbeiten, Aktionen
Hrsg: Gerhard Rühm
Rowohlt Verlag, Reinbek bei Hamburg 1967

Lovecraft Lesebuch
Hrsg. Franz Rottensteiner
Suhrkamp Verlag, Frankfurt a.M. 1987

Wiener Dialektwörterverzeichnis

anglant	jemandem sehr lästig fallen
budern	1.vom dt. pudern: herumstoßen, herumwälzen; 2. Geschlechtsverkehr
Depperter	Idiot
Erdäpfel	Kartoffeln
fad	langweilig
fadisieren	sich langweilen
Ferscherln	Fersen
fesch	gut aussehend
fladern	stehlen
flanieren	ziellos spazierengehen
Gefraßter	Schimpfwort, auch: wertloses Zeug
Giftler	Suchtabhängiger
Goschen	Mund
hingerotzt	lieblos, dümmlich hingeworfen
Kalauer	fader Wortwitz
klass	hervorragend, v. klassisch
liab	lieb
Nepochant	unbeholfener, ungeschickter Typ in bezug auf geschäftliche Fähigkeiten
Partezettel	Todesanzeige
Pülcher	Grobian
Puff	Bordell
Ringlgschbüübsizza	Ringelspiel-, Karussellbesitzer
schiffen	Wasser lassen, in der Bedeutung harnen nur in Dialekten
Schimmler	Vorlage zur Herstellung von Briefen

Schlapfn	Hausschuhe
schnackseln	Sex haben
Schmäh	Gag, Pointe, Aufschneiderei
Schmarrn	1. nichts, wertloses Zeug 2. in Fett geschmorte Mehlspeise, die nicht viel kostet.
Schwuchteln	Homosexuelle
speiben	sich erbrechen
spinnen	Gedanken spinnen, phantasieren
Strotter	Vagabund, Gelegenheitsarbeiter
Verscherln	Verse
Watsch'n	Ohrfeige
Zwetschken	Pflaumen

Personenverzeichnis

Artmann liest Artmann

»MED ANA SCHWOAZZN DINTN«
ORF Landesstudio Salzburg, 1993

1. med an brief fon mia zu dia	1.32

»DIE SONNE WAR EIN GRÜNES EI«

2. Er schoß auf einen Fisch und traf einen Vogel	2.54
3. Der Erfinder der Nagelfeile	3.52
4. Zu der Zeit als das Menschenfressen	6.15

»ALLERLEIRAUSCH«

5. warte, warte noch een weilchen	0.30
6. klingling! wer ist da draust!	0.32
7. daumenlanger hänsel	0.16
8. es war einmal ein mann	0.52
9. ich bin die liebe mumie	0.11
10. wann im herd kein lustig feuer	0.37

11. »IM SCHATTEN DER BURENWURST«	9.24

»AUS MEINER BOTANISIERTROMMEL«
Literarisches Quartier – Alte Schmiede, Wien 1994

12. EINEN KRANZ AUS BUTTERBLUMEN	1.44

»EIN LILIENWEISSER BRIEF AUS LINCOLNSHIRE«
Literarisches Quartier-Alte Schmiede, Wien 1994

13. um der wahrheit die ehre zu geben	1.05
14. wer in die hölle kommt	0.39
15. zooo-oooms	0.38
16. dale I daffodilerdings weitabs	0.36
17.l´eliphat ´l qümqü i´ul	0.45
18. verbaristische szenen	0.16

»UNTER DER BEDECKUNG EINES HUTES«

19. Allergrünste aller sprachen	3.19
20. Das leben der zigeuner	4.04

»MED ANA SCHWOAZZN DINTN«
ORF Landesstudio Salzburg, 1993

21. blauboad 1	0.50
22. blauboad 2	1.21
23. kindafazara	1.01
24. aum eaxtn is s ma r one dia	0.46
25. hosd as ned kead	0.49
26. kum moch ma d aung zua	0.51
27. zwa schüleng zwanzk	1.03
28. waun e schdeam soit	1.21